JN050836

旺文社

中学英語
単熟語・文法
ハンドブック

A

B

C

S

Z

旺文社

はじめに

英語の学習では，知らない単語や文法用語が出てきたり，いろいろな規則があったり，調べることがたくさん出てきます。
勉強をしているとき，
「文法用語がわからない！」
「英語で何と言えばいいの？」
「使いやすい表現がすぐにわかる本があったらいいのに…」
と思ったことはありませんか。

本書は，そんなみなさんに役立つ英語ハンドブックです。
学校で勉強しているとき，自宅でのテスト勉強中，塾での講義などで，わからないことや知りたいことが出てきたら，このハンドブックを開いてみてください。たくさんの情報が詰まっているので，疑問がすぐに解決できます。
教科書や問題集とあわせてこのハンドブックをいつも手もとに置いてください。きっとみなさんのお役に立つはずです。

本書がみなさんの学習の手助けとなることを願っています。

株式会社　旺文社

もくじ

文法用語・学習編

資料編

付録

さくいん

STAFF
編集担当：本城綾 高杉健太郎
装　丁：森一典デザイン事務所
本文デザイン：牧野剛士
イラスト：福々ちえ
編集協力：有限会社マイプラン 上原英 川岸良子
校　閲：有限会社知可舎 佐藤恭子
　　　　株式会社東京出版サービスセンター
　　　　髙橋工房
英文校閲：Nadia McKechnie

本書の特長と使い方

本書は，単熟語や表現，文法用語や資料をまとめたハンドブックです。
疑問に思ったことをすぐに解決できるように工夫してあります。

　　・教科書や参考書にわからない用語があったとき
　　・特定の場面で使われる単語や表現を知りたいとき
　　・英作文のヒントがほしいとき

など，いろいろな場面で使うことができます。

◉単熟語・表現編
テーマや場面ごとに，単語・熟語・表現をまとめています。

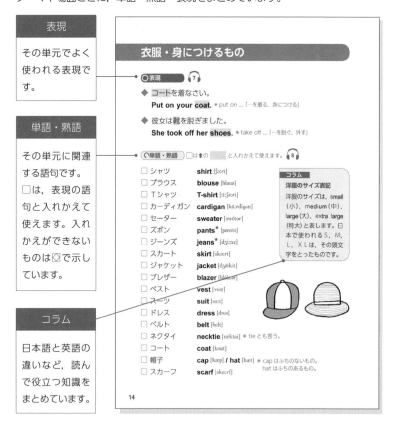

表現	
その単元でよく使われる表現です。	**衣服・身につけるもの**

◯**表現** 🎧 7

◆ コートを着なさい。
Put on your coat. * put on … 「…を着る，身につける」

◆ 彼女は靴を脱ぎました。
She took off her shoes. * take off … 「…を脱ぐ，外す」

単語・熟語	
その単元に関連する語句です。□は，表現の語句と入れかえて使えます。入れかえができないものは◌で示しています。	

◯**単語・熟語** □は↑の　　　　と入れかえて使えます。🎧 8

□ シャツ	**shirt** [ʃɔːrt]
□ ブラウス	**blouse** [blaus]
□ Tシャツ	**T-shirt** [tíːʃɔːrt]
□ カーディガン	**cardigan** [kɑ́ːrdigən]
□ セーター	**sweater** [swétər]
□ ズボン	**pants*** [pænts]
□ ジーンズ	**jeans*** [dʒíːnz]
□ スカート	**skirt** [skəːrt]
□ ジャケット	**jacket** [dʒǽkit]
□ ブレザー	**blazer** [bléizər]
□ ベスト	**vest** [vest]
□ スーツ	**suit** [suːt]
□ ドレス	**dress** [dres]
□ ベルト	**belt** [belt]
□ ネクタイ	**necktie** [néktai] * tie とも言う。
□ コート	**coat** [kout]
□ 帽子	**cap** [kæp] / **hat** [hæt] * cap はふちのないもの。hat はふちのあるもの。
□ スカーフ	**scarf** [skɑːrf]

> **コラム**
> 洋服のサイズ表記
> 洋服のサイズは，small（小），medium（中），large（大），extra large（特大）と表します。日本で使われる S，M，L，X L は，その頭文字をとったものです。

コラム	
日本語と英語の違いなど，読んで役立つ知識をまとめています。	

14

4

□ マフラー	**muffler** [mʌ́flər] **/ scarf** [skɑːrf]	
□ 手袋	**gloves**＊ [glʌvz]	
□ 指輪	**ring** [riŋ]	
□ ネックレス	**necklace** [nékləs]	
□ イヤリング	**earrings**＊ [íəriŋz]	
□ めがね	**glasses**＊ [glǽsiz]	
□ サングラス	**sunglasses**＊ [sʌ́nglæsəz]	
□ 靴下	**socks**＊ [sɑ(ː)ks]	
□ タイツ	**tights**＊ [taits]	
□ ストッキング	**stockings**＊ [stɑ́(ː)kiŋz]	
□ 靴	**shoes**＊ [ʃuːz]	
□ スニーカー	**sneakers**＊ [sníːkərz]	
□ ブーツ	**boots**＊ [buːts]	
□ サンダル	**sandals**＊ [sǽnd(ə)lz]	
□ スリッパ	**scuffs**＊ [skʌ́fs] **/ slippers**＊ [slípərz]	
	＊ slippers はかかとのついた室内ばき。	
□ 下着	**underwear** [ʌ́ndərweər]	
□ ジャージ	**sweat suit** [swét suːt]	
□ パジャマ	**pajamas**＊ [pədʒɑ́ːməz]	

＊★の付いている単語はふつう複数形で使う。

🎧 入試によくでる！

◆ このジャケットを試着してもいいですか。
May I try this [these] jacket on?
＊ try ... on「…を試着する」

◆ もっと大きい [小さい] ものはありますか。
Do you have a larger [smaller] one?

◆ そのスカートをください。
I'll take that [those] skirt.

単語の意味や使い方などの補足説明です。

音声マーク 🎧

音声がダウンロードできる箇所に付いています。（▶ P.8）

入試によくでる！

入試によくでる表現をまとめています。
読解や英作文に役立ちます。

15

表記について

[　]　: 入れかえ可能

(　)　: 省略可能

do　: 動詞の原形

※ *tatami* のように，日本語は斜体で示しています。
※ 本書で使用している発音記号は原則として『マイスタディ英和辞典』（旺文社）に準拠しています。

●文法用語・学習編

p.132〜155 は，文法用語を中心に，英語に特有の用語をまとめています。

見出し語

見出し語は色文字で示しています。他の説明に出てくる見出し語は，**太字**で示し，その掲載ページを示しています。

例文

説明の具体例を例文で示しています。例文には和訳が付いています。

関連ページにジャンプ

資料編など，関連するページがある場合は，その掲載ページを示しています。

◆ 過去分詞
　受け身形(受動態)【▶p.152】と完了形【▶p.147】の文をつくるときに使われる動詞の形。過去形と同じで規則動詞【▶p.146】と不規則動詞【▶p.146】がある。[動詞の過去形・過去分詞形]▶p.174-175

名詞
　人やものごとの名前を表す語。可算名詞，不可算名詞に分けられる。
◆ 可算名詞(数えられる名詞)
　「1，2…」と数で表せる名詞。普通名詞と集合名詞に分けられる。
・普通名詞　book「本」のように同じ種類のさまざまなものに共通して使われる名詞。数が2つ以上のときは複数形にする。[名詞の複数形]▶p.170　数が1つのときの形を単数形といい，不定冠詞【▶p.137】や定冠詞【▶p.137】がつく。
・集合名詞　複数の人やものが集合してつくるグループを表す名詞。集合名詞は，1つの集団として考える場合は単数扱い，集団内の1人1人を考える場合は複数扱いになる。
　・Our team is wonderful. 「私たちのチームはすばらしい。」(単数扱い)
　・Our team are excited. 「私たちのチームは興奮している。」(複数扱い)
◆ 不可算名詞(数えられない名詞)
　数ではなく量などで表せる名詞。ふつう不定冠詞はつかず，複数形にもならない。固有名詞，物質名詞，抽象名詞に分けられる。[不可算名詞とその複数の数え方]▶p.171
・固有名詞　特定の人，場所，言語，月，曜日などを表す名詞。
　・Satoshi「サトシ」(人名)　・English「英語」(言語)
・物質名詞　一定の形をもたない物質を表す名詞。
　・wine「ワイン」　・bread「パン」
・抽象名詞　目に見えないものの性質や状態を表す名詞。
　・beauty「美しさ」　・happiness「幸福」

冠詞
　a，an，the のこと。名詞【▶p.136】につく語。不定冠詞と定冠詞に分けられる。

136

---

p.156〜162 は，英語の基本的な決まりなどをまとめています。

英語の書き方

◯アルファベット

英語には26個の文字があり，それらをアルファベットと言います。アルファベットには，大文字と小文字があり，活字体(印刷用の書体)，ブロック体(手書きの書体)，筆記体(つなげて書く手書きの書体)などが主に使われます。

	活字体		ブロック体		筆記体	
	大文字	小文字	大文字	小文字	大文字	小文字
A	A	a	A	a	𝒜	𝒶
B	B	b	B	b	ℬ	𝒷
C	C	c	C	c	𝒞	𝒸
D	D	d	D	d	𝒟	𝒹
E	E	e	E	e	ℰ	ℯ
F	F	f	F	f	ℱ	𝒻
G	G	g	G	g	𝒢	ℊ
H	H	h	H	h	ℋ	𝒽
I	I	i	I	i	ℐ	𝒾
J	J	j	J	j	𝒥	𝒿

辞書の引き方

単語や熟語の意味を調べるとき，辞書(主に英和辞典)を使います。ここでは，基本的な辞書の引き方を紹介します。

◆ I walk my dog every day. の walk の意味を調べるとき

❶単語を引く
〈walk〉の載っているページを探す。
辞書では，単語[見出し語]はアルファベット順に並んでいます。
見出し語の横には，発音記号など
が載っています。

❷品詞を見る
この〈walk〉に合う品詞を探す。
見出し語に複数の品詞がある場合
は，品詞ごとに意味が載っています。横には意味の変化形が表しています。動詞であれば，自動詞と他動詞の区別もされます。

❸意味を見る
この〈walk〉に該当する意味を探す。
意味と使い方[用例]が載っています。

---

walk [wɔːk] ← 発音記号　↓変化形
walks 〔3単現 walks〕〔過去・過去分詞 walked〕〔進行形 walking〕[自]

❶歩く；散歩する，歩いていく
・Don't walk too fast. 「あまり速く歩かないでくれ。」
・They were walking along the path. 彼らは小道を散歩していました。
・I walk to school. 私は歩いて学校へ行く。
　⬥　〜を歩かせる・〜を連れて歩く，〜を散歩させる
・I'll walk you to the bus stop. バス停まであなたをお送りしましょう。
　─ 三〔複数 walks [s]〕
❶歩くこと，歩行；散歩
・Let's go for a walk. 散歩に行こう。
・I take a walk in the park. 私は公園を散歩する。
❷歩く距離，道のり
・The school is a five-minute walk from here. 学校はここから歩いて5分です。
❸散歩道，遊歩道；歩道

●資料編

発音記号や動詞・形容詞の変化などを一覧にしてまとめています。

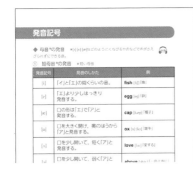

●付録

テストや入試にはあまり出題されないけれども，知っていると便利な内容をまとめています。

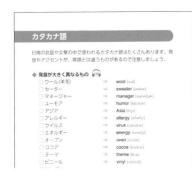

●さくいん

語句や見出し語を，アルファベット・日本語の両方から検索できます。

「コラム」「入試によくでる！」を掲載している単元もここで確認できます。また，「テーマ・場面別さくいん」では，場面に応じて役立つ単元を検索できます。

音声ダウンロードについて

●ダウンロードできる音声

本書の🎧の付いている箇所の音声（英語のみ）を，無料でダウンロードすることができます。

●ダウンロードの方法

①パソコンからインターネットで専用サイトにアクセスする
　下記の URL にアクセスしてください。

　　http://www.obunsha.co.jp/service/eigohandbook/

②ファイルをダウンロードする
　リストの中から聞きたい音声ファイルをクリックし，ダウンロードしてください。
　※詳細は実際のサイト上の案内をご参照ください。

③ファイルを解凍して，再生する
　音声ファイルは ZIP 形式にまとめられた形でダウンロードされますので，解凍後，デジタルオーディオプレイヤーなどでご活用ください。
　※デジタルオーディオプレイヤーへの音声ファイルの転送方法は，各製品の取扱説明書やヘルプをご参照ください。

【注意】
・音声は MP3 ファイル形式になっています。音声の再生には MP3 ファイルを再生できる機器などが別途必要です。
・ご使用の機器，音声再生ソフト等に関する技術的なご質問は，ハードメーカーもしくはソフトメーカーにお願いいたします。
・本サービスは予告なく変更・終了されることがあります。

単熟語・表現編

文法用語・学習編

資料編

付録　さくいん

家族・親戚

◆ こちらは私の父です。

This is my father.

◆ 私のおばは京都に住んでいます。

My aunt lives in Kyoto.

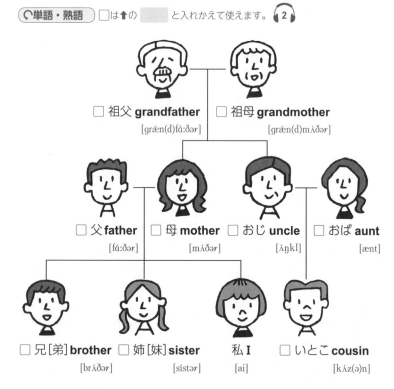

□ 祖父 **grandfather**
[grǽn(d)fàːðər]

□ 祖母 **grandmother**
[grǽn(d)mʌ̀ðər]

□ 父 **father**　□ 母 **mother**　□ おじ **uncle**　□ おば **aunt**
[fáːðər]　　　[mʌ́ðər]　　　[ʌ́ŋkl]　　　[ænt]

□ 兄[弟] **brother**　□ 姉[妹] **sister**　私 **I**　□ いとこ **cousin**
[brʌ́ðər]　　　[sístər]　　　[ai]　　　[kʌ́z(ə)n]

*兄[姉]と弟[妹]をはっきり区別する場合は、
「兄[姉]」は older brother [sister]、「弟[妹]」は younger brother [sister] と言う。

10

□ 曾祖父 そう	**great-grandfather** [grèitgrǽn(d)fɑ̀:ðər]	
□ 曾祖母	**great-grandmother** [grèitgrǽn(d)mʌ̀ðər]	
◇ 祖父，祖母	**grandparent** [grǽn(d)pè(ə)r(ə)nt]	

* grandparents「祖父母」

◇ 親（父または母）	**parent** [pé(ə)r(ə)nt] * parents「両親」
◇ 子ども	**child** [tʃaild] *複数形は children [tʃíldr(ə)n]。
□ 息子	**son** [sʌn]
□ 娘	**daughter** [dɔ́:tər]
◇ 孫	**grandchild** [grǽn(d)tʃaild] *複数形は grandchildren。
□ 孫息子	**grandson** [grǽn(d)sʌ̀n]
□ 孫娘	**granddaughter** [grǽn(d)dɔ̀:tər]
□ ひ孫	**great-grandchild** [grèitgrǽn(d)tʃaild]

*複数形は great-grandchildren。

□ 夫	**husband** [hʌ́zbənd]
□ 妻	**wife** [waif] *複数形は wives [waivz]。
□ おい	**nephew** [néfju:]
□ めい	**niece** [ni:s]
□ 義理の兄[弟]	**brother-in-law** [brʌ́ð(ə)rinlɔ̀:]
□ 義理の姉[妹]	**sister-in-law** [síst(ə)rinlɔ̀:]

○その他の関連語 3

◇ 先祖	**ancestor** [ǽnsestər]
◇ 子孫	**descendant** [disénd(ə)nt] / **offspring** [ɔ́(:)fspriŋ]

* offspring は単数のときも an をつけない。

コラム　きょうだいについての言い方

あなたにはきょうだいがいますか。
Do you have any brothers or sisters?

— 兄[弟]が1人います。　　姉[妹]が1人います。
I have a brother.　　　　I have a sister.

— 1人っ子です。／きょうだいは1人もいません。
I am an only child. / I don't have any brothers or sisters.

11

身体

○体

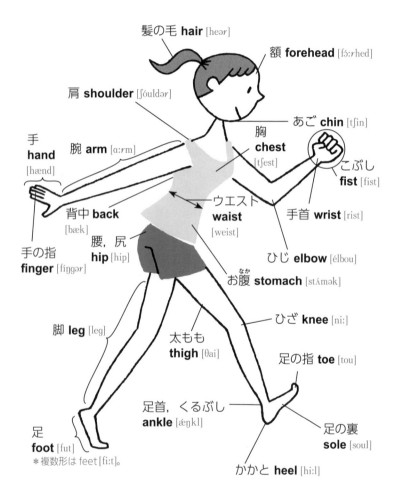

髪の毛 **hair** [heər]

額 **forehead** [fɔ́ːrhed]

肩 **shoulder** [ʃóuldər]

あご **chin** [tʃin]

胸
chest
[tʃest]

こぶし
fist [fist]

手
hand
[hænd]

腕 **arm** [ɑːrm]

背中 **back**
[bæk]

ウエスト
waist
[weist]

手首 **wrist** [rist]

ひじ **elbow** [élbou]

手の指
finger [fíŋgər]

腰, 尻
hip [hip]

なか
お腹 **stomach** [stʌ́mək]

ひざ **knee** [niː]

脚 **leg** [leg]

太もも
thigh [θai]

足の指 **toe** [tou]

足首, くるぶし
ankle [æŋkl]

足の裏
sole [soul]

足
foot [fut]
＊複数形は feet [fiːt]。

かかと **heel** [hiːl]

○頭・顔 5

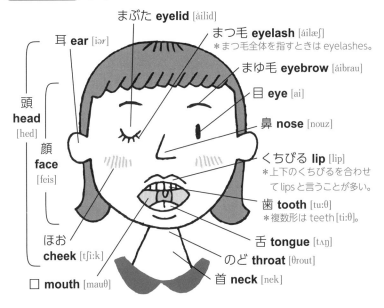

まぶた **eyelid** [áilid]

まつ毛 **eyelash** [áilæʃ]
＊まつ毛全体を指すときは eyelashes。

まゆ毛 **eyebrow** [áibrau]

目 **eye** [ai]

鼻 **nose** [nouz]

耳 **ear** [iər]

頭 **head** [hed]

顔 **face** [feis]

くちびる **lip** [lip]
＊上下のくちびるを合わせ
て lips と言うことが多い。

歯 **tooth** [tu:θ]
＊複数形は teeth [ti:θ]。

舌 **tongue** [tʌŋ]

のど **throat** [θrout]

首 **neck** [nek]

ほお **cheek** [tʃi:k]

□ **mouth** [mauθ]

○手 6

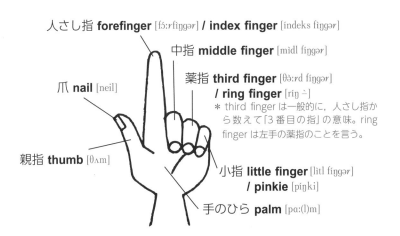

人さし指 **forefinger** [fɔ́:rfìŋgər] **/ index finger** [índeks fìŋgər]

中指 **middle finger** [mìdl fíŋgər]

薬指 **third finger** [θə̀:rd fìŋgər]
/ ring finger [ríŋ ˰]
＊ third finger は一般的に，人さし指か
ら数えて「3 番目の指」の意味。ring
finger は左手の薬指のことを言う。

爪 **nail** [neil]

親指 **thumb** [θʌm]

小指 **little finger** [lìtl fíŋgər]
/ pinkie [píŋki]

手のひら **palm** [pɑ:(l)m]

13

衣服・身につけるもの

○表現 7

◆ コートを着なさい。
Put on your coat. ＊put on ... 「…を着る，身につける」

◆ 彼女は靴を脱ぎました。
She took off her shoes. ＊take off ... 「…を脱ぐ，外す」

○単語・熟語 □は↑の [   ] と入れかえて使えます。 8

□ シャツ　　　　**shirt** [ʃəːrt]

□ ブラウス　　　**blouse** [blaus]

□ Ｔシャツ　　　**T-shirt** [tíːʃəːrt]

□ カーディガン　**cardigan** [káːrdigən]

□ セーター　　　**sweater** [swétər]

□ ズボン　　　　**pants**★ [pænts]

□ ジーンズ　　　**jeans**★ [dʒiːnz]

□ スカート　　　**skirt** [skəːrt]

□ ジャケット　　**jacket** [dʒǽkit]

□ ブレザー　　　**blazer** [bléizər]

□ ベスト　　　　**vest** [vest]

□ スーツ　　　　**suit** [suːt]

□ ドレス　　　　**dress** [dres]

□ ベルト　　　　**belt** [belt]

□ ネクタイ　　　**necktie** [néktai] ＊tie とも言う。

□ コート　　　　**coat** [kout]

□ 帽子　　　　　**cap** [kæp] **/ hat** [hæt] ＊cap はふちのないもの。
　　　　　　　　　　　　　　　　　　　hat はふちのあるもの。

□ スカーフ　　　**scarf** [skɑːrf]

コラム

洋服のサイズ表記

洋服のサイズは，small（小），medium（中），large（大），extra large（特大）と表します。日本で使われるＳ，Ｍ，Ｌ，ＸＬは，その頭文字をとったものです。

☐ マフラー	**muffler** [mʌ́flər] **/ scarf** [skɑːrf]
☐ 手袋	**gloves**★ [glʌvz]
☐ 指輪	**ring** [riŋ]
☐ ネックレス	**necklace** [nékləs]
☐ イヤリング	**earrings**★ [íəriŋz]
☐ めがね	**glasses**★ [glǽsiz]
☐ サングラス	**sunglasses**★ [sʌ́nglæsəz]
☐ 靴下	**socks**★ [sɑ(ː)ks]
☐ タイツ	**tights**★ [taits]
☐ ストッキング	**stockings**★ [stɑ́(ː)kiŋz]
☐ 靴	**shoes**★ [ʃuːz]
☐ スニーカー	**sneakers**★ [sníːkərz]
☐ ブーツ	**boots**★ [buːts]
☐ サンダル	**sandals**★ [sǽnd(ə)lz]
☐ スリッパ	**scuffs**★ [skʌfs] **/ slippers**★ [slípərz]

＊slippers はかかとのついた室内ばき。

☐ 下着	**underwear** [ʌ́ndərweər]
☐ ジャージ	**sweat suit** [swét suːt]
☐ パジャマ	**pajamas**★ [pədʒɑ́ːməz]

＊★の付いている単語はふつう複数形で使う。

入試によくでる！ 9

◆ このジャケットを試着してもいいですか。
May I try this [these] jacket on?
＊try ... on「…を試着する」

◆ もっと大きい[小さい]ものはありますか。
Do you have a larger [smaller] one?

◆ そのスカートをください。
I'll take that [those] skirt.

身の回りのもの

○表現 🎧10

◆ これはあなたの傘ですか。

Is this your umbrella?

○単語・熟語 □は↑の ▢▢▢ と入れかえて使えます。 🎧11

□ ハンカチ	**handkerchief** [hǽŋkərtʃi(:)f]
□ 財布	**wallet** [wá(:)lət] / **purse** [pəːrs]

＊wallet は「札入れ」，purse は「小銭入れ」のことを言う。
purse には「ハンドバッグ」の意味もある。

□ 定期入れ	**pass holder** [pǽs hòuldər] / **pass case** [pǽs keis]
□ 本	**book** [buk]
□ CD	**CD** [sìːdíː]
□ DVD	**DVD** [dìːviːdíː]
□ カメラ	**camera** [kǽm(ə)rə]

＊デジタルカメラは digital camera [dìdʒit(ə)l kǽm(ə)rə]。

□ 鍵	**key** [kiː]
□ キーホルダー	**keychain** [kíːtʃein] / **key ring** [kíː riŋ]
□ 携帯電話	**cell [mobile] phone** [sél foun] [mòub(ə)l ´]
□ 腕時計	**watch** [wɑ(:)tʃ]
□ 傘	**umbrella** [ʌmbrélə]
□ コップ	**glass** [glæs]
□ 茶わん，カップ	**cup** [kʌp]
□ うちわ	**fan** [fæn]
□ 写真	**picture** [píktʃər] / **photo** [fóutou]
□ 手紙	**letter** [létər]
□ 切手	**stamp** [stæmp]

☐ シール	**sticker** [stíkər]
☐ 切符	**ticket** [tíkət]
☐ 名刺	**business card** [bíznəs kàːrd]
☐ かばん	**bag** [bæg]
☐ ハンドバッグ	**handbag** [hǽn(d)bæg] / **purse** [pɔːrs]
☐ スーツケース	**suitcase** [súːtkeis]
☐ リュック	**rucksack** [rʌ́ksæk] / **backpack** [bǽkpæk]
☐ 箱	**box** [bɑ(ː)ks]
☐ かご	**basket** [bǽskət]
☐ タオル	**towel** [táu(ə)l]
☐ ティッシュ	**tissue** [tíʃuː]
☐ 歯ブラシ	**toothbrush** [túːθbrʌʃ]
☐ 歯みがき粉	**toothpaste** [túːθpeist]
☐ シャンプー	**shampoo** [ʃæmpúː]
☐ コンディショナー	**conditioner** [kəndíʃ(ə)nər]
☐ 手鏡	**hand mirror** [hǽnd mìrər]
☐ 薬	**medicine** [méds(ə)n]
☐ おもちゃ	**toy** [tɔi]
☐ ぬいぐるみ	**stuffed animal** [stʌ́ft ǽnim(ə)l]
☐ 人形	**doll** [dɑ(ː)l]

入試によくでる！ 🎧12

◆ これはだれの携帯電話ですか。
Whose cell phone is this?
—(それは)タカシのものです。
— It's Takashi's. ＊「…のもの」は名前に's をつけて表す。

◆ あなたはどこにその切符を置いてきたのですか。
Where did you leave the ticket?

家

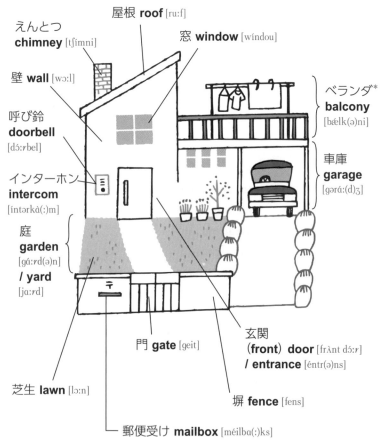

えんとつ **chimney** [tʃímni]

屋根 **roof** [ru:f]

窓 **window** [wíndou]

壁 **wall** [wɔ:l]

ベランダ＊ **balcony** [bǽlk(ə)ni]

呼び鈴 **doorbell** [dɔ́:rbel]

インターホン **intercom** [íntərkà(:)m]

車庫 **garage** [gərá:(d)ʒ]

庭 **garden** [gá:rd(ə)n] **/ yard** [jɑ:rd]

玄関 **（front）door** [frʌ̀nt dɔ́:r] **/ entrance** [éntr(ə)ns]

門 **gate** [geit]

芝生 **lawn** [lɔ:n]

塀 **fence** [fens]

郵便受け **mailbox** [méilbɑ(:)ks]

＊英語の veranda は，1階から張り出した屋根付きの縁側のことを言う。

18

○家の中 14

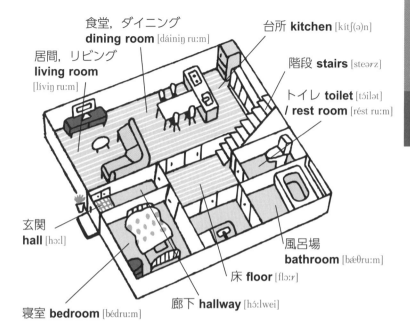

食堂，ダイニング
dining room [dáiniŋ ruːm]

台所 **kitchen** [kítʃ(ə)n]

居間，リビング
living room
[líviŋ ruːm]

階段 **stairs** [steərz]

トイレ **toilet** [tɔ́ilət]
/ rest room [rést ruːm]

玄関
hall [hɔːl]

風呂場
bathroom [bǽθruːm]

床 **floor** [flɔ́ːr]

寝室 **bedroom** [bédruːm]

廊下 **hallway** [hɔ́ːlwei]

○その他の関連語 15

☑ 部屋　　　　　**room** [ruːm]

☑ 子ども部屋　　**child's room** [tʃáildz rùːm]

☑ 書斎　　　　　**study** [stʌ́di]

☑ 地下室　　　　**basement** [béismənt] **/ cellar** [sélər]

　　　　　　　　＊basement は人が住める空間，cellar は貯蔵室のことを言う。

☑ 屋根裏部屋　　**attic** [ǽtik]

☑ 和室　　　　　**Japanese-style room** [dʒæpənìːz stáil rùːm]

　　　　　　　　＊畳のある部屋を *tatami* room のように言うこともある。

☑ 1階　　　　　**first floor** [fə̀ːrst flɔ́ːr] ＊イギリスでは2階を指す。

☑ 2階　　　　　**second floor** [sèk(ə)nd flɔ́ːr]

部屋の中

○表現 16

◆ その部屋にはベッドがあります。

There is a[an] bed in the room.

◌部屋の中 □は↑の　　　　と入れかえて使えます。 17

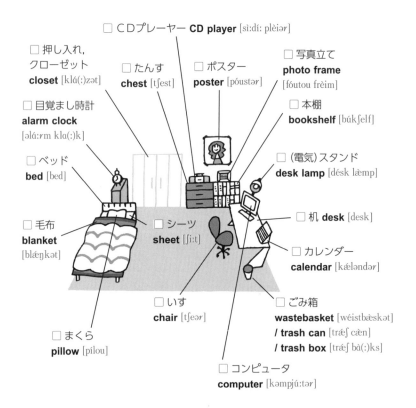

□ CDプレーヤー **CD player** [sìːdíː plèiə*r*]

□ 押し入れ,
クローゼット
closet [klά(ː)zət]

□ たんす
chest [tʃest]

□ ポスター
poster [póustə*r*]

□ 写真立て
photo frame
[fóutou frèim]

□ 目覚まし時計
alarm clock
[əlάː*r*m klɑ(ː)k]

□ 本棚
bookshelf [búkʃelf]

□ ベッド
bed [bed]

□ (電気)スタンド
desk lamp [désk l`æmp]

□ 毛布
blanket
[bl`æŋkət]

□ シーツ
sheet [ʃiːt]

□ 机 **desk** [desk]

□ カレンダー
calendar [k`æləndə*r*]

□ いす
chair [tʃeə*r*]

□ ごみ箱
wastebasket [wéistb`æskət]
/ trash can [tr`æʃ k`æn]
/ trash box [tr`æʃ bὰ(ː)ks]

□ まくら
pillow [pílou]

□ コンピュータ
computer [kəmpjúːtə*r*]

居間 □は↑の と入れかえて使えます。 **(18)**

□ 観葉植物
foliage plant [fóuliidʒ plænt]

□ カーテン
curtain [kə́:rt(ə)n]

□ 壁かけ時計
clock [klɑ(:)k]

□ 照明
light [lait]

□ 花びん
vase [veis]

□ テレビ
TV [tì:ví:]

□ 電話
telephone
[téləfoun]

□ テレビ台
TV stand
[tì:ví stǽnd]

□ テーブル
table [téibl]

□ ソファ
sofa [sóufə]

□ カーペット
carpet [kɑ́:rpət]

□ 掃除機 **vacuum cleaner**
[vǽkjuəm klì:nər]

台所 □は↑の と入れかえて使えます。 **(19)**

□ 食器棚 **cupboard** [kʌ́bərd]

□ 電子レンジ
microwave (oven)
[màikrəweiv ʌ́v(ə)n]

□ 冷蔵庫
fridge [fridʒ]
/ refrigerator
[rifrídʒəreitər]

□ オーブン
oven [ʌ́v(ə)n]

□ 流し
sink [siŋk]

□ コンロ
stove [stouv]

□ 炊飯器
rice cooker [ráis kùkər]

□ 食洗機
dishwasher [díʃwɔ̀:ʃər]

洗面所 □は↑の と入れかえて使えます。 **(20)**

□ 鏡 **mirror** [mírər]

□ ドライヤー **hair drier** [héər dràiər]

□ 洗濯機
washing machine
[wɑ́(:)ʃiŋ məʃì:n]

□ ちりとり
dustpan [dʌ́stpæn]

□ 洗面台
sink [siŋk]

□ ほうき
broom [bru:m]

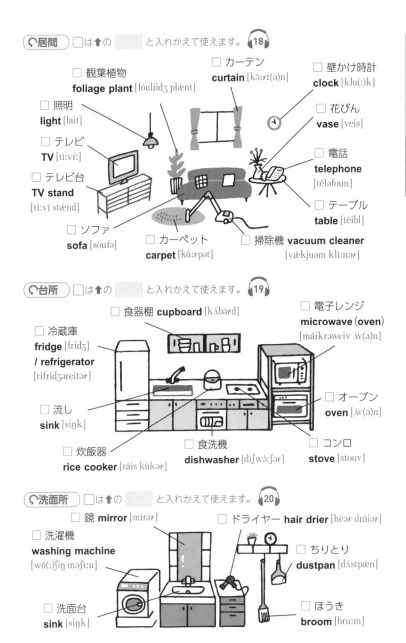

天気・気候

○表現 21

◆ 今日の天気はどうですか。

How's the weather today?

— 晴れです。

— **It's sunny.**

○単語・熟語 □は↑の ░░░ と入れかえて使えます。 22

□ 晴れの	**sunny** [sʌ́ni] / **fine** [fain] / **clear** [kliər] / **fair** [feər]			
□ 雨の	**rainy** [réini]	□ 風の強い	**windy** [wíndi]	
□ 曇りの	**cloudy** [kláudi]	□ 嵐の	**stormy** [stɔ́ːrmi]	
□ 暑い	**hot** [hɑ(ː)t]	□ 涼しい	**cool** [kuːl]	
□ 暖かい	**warm** [wɔːrm]	□ 肌寒い	**chilly** [tʃíli]	
□ 寒い	**cold** [kould]	□ 凍るような	**freezing** [fríːziŋ]	
□ 雪の	**snowy** [snóui]	□ 霧のたちこめた	**foggy** [fɑ́(ː)gi]	

○その他の関連語 23

▷ 雨	**rain** [rein]	▷ 嵐	**storm** [stɔːrm]
▷ にわか雨	**shower** [ʃáuər]	▷ 雷	**thunder** [θʌ́ndər]
▷ 霧	**fog** [fɑ(ː)g]	▷ 稲妻	**lightning** [láitniŋ]
▷ 霜	**frost** [frɔ(ː)st]	▷ 湿気の多い	**humid** [hjúːmid]
▷ 雪	**snow** [snou]	▷ 乾いた	**dry** [drai]

コラム **熱帯低気圧の呼び方**

日本で「台風」と呼ばれる熱帯低気圧は，発生する地域によっていろいろな呼び方をされています。

・太平洋や南シナ海などで発生 … 台風　typhoon [taifúːn]

・カリブ海やメキシコ湾などで発生 … ハリケーン　hurricane [hə́ːrəkein]

・インド洋などで発生 … サイクロン　cyclone [sáikloun]

季節

○表現

◆ 春に **in spring**
◆ 春の間 **during (the) spring**
◆ 早春 **early spring**
◆ 今年の春(に) **this spring**
◆ 晩春 **late spring**
◆ 昨年の春(に) **last spring**
◆ 毎春 **every spring**
◆ 次の春(に) **next spring**
◆ 春がきました。 **Spring has come.**
◆ 春が終わりました。 **Spring has gone.**
◆ 春の初めに **at the beginning of spring**
◆ 春の終わりに **at the end of spring**
◆ 春から夏にかけて **from spring to summer**

○単語・熟語 □は↑の ▨▨ と入れかえて使えます。

□ 春 **spring** [spriŋ]
□ 秋 **fall** [fɔːl] / **autumn** [ɔ́ːtəm]
□ 夏 **summer** [sʌ́mər]
□ 冬 **winter** [wíntər]

○その他の関連語

▱ 季節 **season** [síːz(ə)n]
▱ 真冬 **midwinter** [mìdwíntər]
▱ 四季 **four seasons** [fɔ̀ːr síːz(ə)nz]
▱ 暖冬 **mild winter** [màild wíntər]
▱ 真夏 **midsummer** [mìdsʌ́mər]
▱ 冷夏 **cool [cold] summer** [kùːl sʌ́mər] [kòuld ⸚]

☰ 入試によくでる!

◆ あなたはどの季節がいちばん好きですか。
Which season do you like the best?
—私は冬がいちばん好きです。
— **I like winter the best.**

月

○表現 28

◆ 今日は何月何日ですか。― 5月7日です。

What's the date today? ― It's May 7. ＊7は seventh と読む。

♩単語・熟語 □は↑の ____ と入れかえて使えます。 29

□ 1月　**January** [dʒǽnjueri]

□ 2月　**February** [fébjueri]

□ 3月　**March** [mɑːrtʃ]

□ 4月　**April** [éiprəl]

□ 5月　**May** [mei]

□ 6月　**June** [dʒuːn]

□ 7月　**July** [dʒulái]

□ 8月　**August** [ɔ́ːgəst]

□ 9月　**September** [septémbər]

□ 10月　**October** [ɑ(ː)któubər]

□ 11月　**November** [nouvémbər]

□ 12月　**December** [disémbər]

> **コラム**
>
> **北半球と南半球の季節**
> 北半球と南半球では季節が逆になります。オーストラリアでは，クリスマスを迎える12月は夏なので，サンタクロースがサーフィンをしている絵柄の切手があります。

入試によくでる！ 30

◆ あなたの誕生日はいつですか。

When is your birthday?

―3月5日です。

―**It's March 5.**

◆ 私たちは 10月 に体育祭があります。

We have a sports festival in October.

曜日

◆ 今日は何曜日ですか。— 金曜日です。

What day (of the week) is it today? — It's Friday.

◆ 月曜日に   **on Monday(s)**
◆ この月曜日(に)   **this Monday**
◆ この前の月曜日(に)   **last Monday**
◆ 次の月曜日(に)   **next Monday**
◆ 月曜日の朝に   **on Monday morning(s)**

□ 月曜日   **Monday** [mʌ́ndei]
□ 火曜日   **Tuesday** [túːzdei]
□ 水曜日   **Wednesday** [wénzdei]
□ 木曜日   **Thursday** [θɔ́ːrzdei]
□ 金曜日   **Friday** [fráidei]
□ 土曜日   **Saturday** [sǽtərdei]
□ 日曜日   **Sunday** [sʌ́ndei]

◇ 平日   **weekday** [wíːkdei]
◇ 週末   **weekend** [wíːkend]

◆ 1週間は7日あります。

A week has seven days.

/ There are seven days in a week.

学校

○表現　35

◆ 私は中学校に通っています。

I go to junior high school.

○単語・熟語　□は↑の　　　　と入れかえて使えます。　36

- □ 保育園　　**nursery school** [nə́ːrs(ə)ri skuːl]
- □ 幼稚園　　**kindergarten** [kíndərgàːrt(ə)n]
- □ 小学校　　**elementary school** [elimént(ə)ri skuːl]
- □ 中学校　　**junior high school** [dʒùːnjər hái skùːl]
- □ 高等学校　**(senior) high school** [sìːnjər hái skùːl]
- □ 専門学校　**professional [technical] school** [prəféʃ(ə)n(ə)l skùːl] [téknik(ə)l ⁻]
- □ 単科大学　**college** [kɑ́(ː)lidʒ]
- □ 総合大学　**university** [jùːnivə́ːrsəti]

○学校内の施設　37

- ◇ 校門　　**school gate** [skúːl gèit]
- ◇ 校庭　　**schoolyard** [skúːljàːrd]
  　　　　　/ playground [pléigraund]
- ◇ 校舎　　**school building** [skúːl bìldiŋ]
- ◇ 教室　　**classroom** [klǽsruːm]
- ◇ 職員室　**teachers' room** [tíːtʃərz rùːm]
- ◇ 保健室　**nurse's office** [nə́ːrsiz ɑ̀(ː)fəs]

- ◇ 図書室　**library** [láibreri]
- ◇ 体育館　**gym** [dʒim]
- ◇ 食堂　　**cafeteria** [kæ̀fətí(ə)riə]

コラム　アメリカの学年

「学年」は英語で grade と言います。アメリカの教育制度では，小学校に入学した１年目を first grade とし，second grade「２年生」，third grade「３年生」…と続き，twelfth grade「12 年生」まであります。日本の「中学１年生」にあたるのは，seventh grade です。

教室

○教室の中　(38)

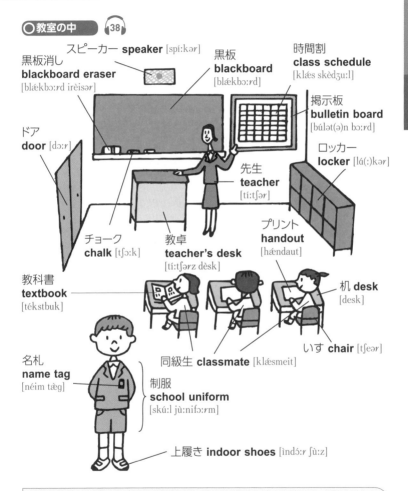

黒板消し
blackboard eraser
[blǽkbɔːrd irèisər]

スピーカー **speaker** [spíːkər]

黒板
blackboard
[blǽkbɔːrd]

時間割
class schedule
[klǽs skèdʒuːl]

掲示板
bulletin board
[búlət(ə)n bɔːrd]

ドア
door [dɔːr]

ロッカー
locker [lá(ː)kər]

先生
teacher
[tíːtʃər]

プリント
handout
[hǽndaut]

チョーク
chalk [tʃɔːk]

教卓
teacher's desk
[tíːtʃərz dèsk]

教科書
textbook
[tékstbuk]

机 **desk**
[desk]

いす **chair** [tʃeər]

名札
name tag
[néim tæg]

同級生 **classmate** [klǽsmeit]

制服
school uniform
[skúːl jùːnifɔːrm]

上履き **indoor shoes** [ìndɔːr ʃùːz]

コラム　日本とアメリカの授業スタイル

日本の中学校・高校では，教科の先生が各教室を回って授業をすることが多いですが，アメリカでは，生徒たちが各教科の先生の教室に行って授業を受けるのが一般的です。

27

文房具

◆ あなたの<mark>ペン</mark>を借りてもいいですか。

Can I borrow your <mark>pen</mark>?

○単語・熟語 　□は↑の ▢ と入れかえて使えます。 〔40〕

□ 鉛筆	**pencil** [péns(ə)l]	
□ 鉛筆削り	**pencil sharpener** [péns(ə)l ʃàːrp(ə)nər]	
□ 消しゴム	**eraser** [iréisər]	
□ 修正テープ	**correction tape** [kərékʃ(ə)n tèip]	
□ シャープペンシル	**mechanical pencil** [mikǽnik(ə)l péns(ə)l]	
□ 色鉛筆	**colored pencils**★ [kʌ́lərd pèns(ə)lz]	
□ ボールペン	**ballpoint pen** [bɔ́ːlpɔ̀int pén]	
□ サインペン	**felt-tip pen** [fèlttip pén]	
□ 蛍光ペン	**highlighter** [háilàitər]	
□ 万年筆	**fountain pen** [fáunt(ə)n pen]	
□ クレヨン	**crayon** [kréiɑ(ː)n]	
□ 水性ペン	**non-permanent marker** [nɑ(ː)npə̀ːrm(ə)nənt máːrkər]	
□ 油性ペン	**permanent marker** [pə̀ːrm(ə)nənt máːrkər]	
□ 絵の具	**paints**★ [peints]	
□ 油絵の具	**oil paints**★ [ɔ́il pèints]	
□ コンパス	**compasses**★ [kʌ́mpəsiz]	
□ 定規	**ruler** [rúːlər]	
□ 三角定規	**triangle ruler** [tráiæŋgl rùːlər]	
□ 分度器	**protractor** [proutrǽktər]	
□ はさみ	**scissors**★ [sízərz]	
□ カッター	**cutter** [kʌ́tər]	

☐ クリップ	(**paper**) **clip** [péipər klip]
☐ ホッチキス	**stapler** [stéiplər]
☐ ふせん	**sticky note** [stíki nòut]
☐ のり	**glue** [glu:]
☐ 接着テープ	**adhesive tape** [ədhí:siv tèip]
☐ ガムテープ	**packing tape** [pǽkiŋ tèip]
☐ メモ帳	**memo pad** [mémou pæ̀d]
☐ 下じき	**pencil board** [péns(ə)l bɔ̀:rd]
☐ ノート	**notebook** [nóutbuk]
☐ コピー用紙	**copy paper** [kɑ́(:)pi pèipər]
☐ 原稿用紙	**writing paper** [ráitiŋ pèipər]
☐ 画用紙	**drawing paper** [drɔ́:iŋ pèipər]
☐ スケッチブック	**sketchbook** [skétʃbuk]
☐ 封筒	**envelope** [énvəloup]
☐ 便せん	**letter paper** [létər pèipər]
☐ ファイル	**file** [fail]
☐ 電卓	**calculator** [kǽlkjuleitər]
☐ 印鑑	**personal seal** [pə́:rs(ə)n(ə)l sì:l]
☐ 筆	**brush** [brʌʃ]
☐ 墨汁	**India ink** [índiə íŋk]

＊★の付いている単語はふつう複数形で使う。

コラム　英語でじゃんけん

英語で「じゃんけん」をするとき，「グー」は
rock，「チョキ」は scissors，「パー」は paper
と言います。
rock は「石」，scissors は「はさみ」，paper
は「紙」を表します。

教科

◆ あなたの好きな教科は何ですか。 ─ 英語です。

What is your favorite subject? ─ English is.

◆ 私たちは今日，数学の授業があります。

We have a [an] math class today.

〇中学校の教科　□は↑の □□□ と入れかえて使えます。 42

☐ 英語　　　　**English** [íŋgliʃ]

☐ 数学　　　　**math** [mæθ]

☐ 国語　　　　**Japanese** [dʒæpəníːz]

☐ 理科　　　　**science** [sáiəns]

☐ 社会　　　　**social studies** [sóuʃ(ə)l stʌ̀diz]

☐ 体育　　　　**physical education** [fìzik(ə)l edʒəkéiʃ(ə)n]

　　　　　　　＊略して P.E. と言う。

☐ 美術　　　　**fine arts** [fàin áːrts]

☐ 音楽　　　　**music** [mjúːzik]

☐ 技術・家庭　**industrial arts and home economics**

　　　　　　　[indʌ́striəl áːrts ænd houm iːkəná(ː)miks]

〇高等学校の教科　□は↑の □□□ と入れかえて使えます。 43

☐ 現代文　　　**contemporary writings** [kəntèmpəreri ráitiŋz]

☐ 古文　　　　**classic literature** [klǽsik lít(ə)rətʃər]

☐ 漢文　　　　**Chinese classics** [tʃàiníːz klǽsiks]

☐ 物理学　　　**physics** [fíziks]

☐ 化学　　　　**chemistry** [kémistri]

☐ 生物学　　　**biology** [baiá(ː)lədʒi]

□ 地学　　　**earth science** [ə́ːrθ sàiəns]

□ 世界史　　**world history** [wə̀ːrld híst(ə)ri]

□ 日本史　　**Japanese history** [dʒæpəniːz híst(ə)ri]

□ 地理　　　**geography** [dʒiá(ː)grəfi]

□ 公民　　　**civics** [síviks]

（🎧専門的な学問）　□は⬆の ░░░ と入れかえて使えます。　🎧44

□ 哲学　　　**philosophy** [fəlá(ː)səfi]

□ 政治学　　**politics** [pá(ː)lətiks]

□ 法学　　　**law** [lɔː]

□ 医学　　　**medicine** [méds(ə)n]

□ 工学　　　**engineering** [èndʒiníəriŋ]

□ 文学　　　**literature** [lít(ə)rətʃər]

□ 考古学　　**archaeology** [àːrkiá(ː)lədʒi]

□ 社会学　　**sociology** [sòusiá(ː)lədʒi]

□ 農学　　　**agriculture** [ǽgrikʌ̀ltʃər]

□ 経済学　　**economics** [ìːkəná(ː)miks]

□ 経営学　　**business administration** [bìznəs ədministréiʃ(ə)n]

□ 教育学　　**education** [èdʒəkéiʃ(ə)n]

□ 薬学　　　**pharmacy** [fáːrməsi]

□ 心理学　　**psychology** [saiká(ː)lədʒi]

□ 天文学　　**astronomy** [əstrá(ː)nəmi]

コラム　学級に関連する語句

教科以外に学校の時間割に含まれるものは，以下のものもあります。

▶総合的な学習の時間　　period for integrated study
▶道徳　　　　　　　　　moral education
▶選択科目　　　　　　　elective subjects
▶学級活動　　　　　　　class (room) activities
▶昼休み　　　　　　　　lunchtime

部活動

○表現 (45)

◆ 私は〜部に入っています。

I'm on the 運動部.

I'm in the 文化部. ＊運動部にはこちらの表現も使える。

◆ 彼は野球部の一員です。

He's a member of the baseball team.

○運動部 □は↑の　　　と入れかえて使えます。 (46)

□ サッカー部　　　　　　　**soccer team** [sá(:)kər tìːm]

□ テニス部　　　　　　　　**tennis team** [ténis tìːm]

□ ソフトテニス部　　　　　**soft tennis team** [sɔ(:)ft ténis tìːm]

□ 野球部　　　　　　　　　**baseball team** [béisbɔːl tìːm]

□ 軟式野球部　　　　　　　**rubber baseball team** [rʌbər béisbɔːl tìːm]

□ バスケットボール部　　　**basketball team** [bǽskətbɔːl tìːm]

□ バレーボール部　　　　　**volleyball team** [vá(:)libɔːl tìːm]

□ ソフトボール部　　　　　**softball team** [sɔ́(:)ftbɔːl tìːm]

□ ハンドボール部　　　　　**handball team** [hǽn(d)bɔːl tìːm]

□ 卓球部　　　　　　　　　**table tennis team** [téibl tènis tìːm]

□ 水泳部　　　　　　　　　**swimming team** [swímiŋ tìːm]

□ 柔道部　　　　　　　　　*judo* **team**

□ 剣道部　　　　　　　　　*kendo* **team**

□ 陸上部　　　　　　　　　**track and field team** [trǽk ən fíːld tìːm]

□ バドミントン部　　　　　**badminton team** [bǽdmint(ə)n tìːm]

□ 体操部　　　　　　　　　**gymnastics team** [dʒimnǽstiks tìːm]

□ ラグビー部　　　　　　　**rugby team** [rʌ́gbi tìːm]

□ スキー部	**skiing team** [skí:iŋ ti:m]
□ スケート部	**skating team** [skéitiŋ ti:m]
□ ダンス部	**dance team** [dǽns ti:m]

♪文化部 □は↑の ▢▢▢ と入れかえて使えます。 🎧47

□ 美術部	**art club** [ɑ:rt klʌb]
□ 吹奏楽部	**brass band** [brǽs bǽnd]
	/ school band [sku:l bǽnd]
□ 演劇部	**drama club** [drá:mə klʌb]
□ 合唱部	**chorus club** [kɔ́:rəs klʌb]
□ 科学部	**science club** [sáiəns klʌb]
□ コンピュータ部	**computer club** [kəmpjú:tər klʌb]
□ 放送部	**broadcasting club** [brɔ́:dkæstiŋ klʌb]
□ 英会話クラブ	**English speaking society** [íŋgliʃ spí:kiŋ səsàiəti]
□ 料理部	**cooking club** [kúkiŋ klʌb] ＊ ESS と略される。
□ 写真部	**photography club** [fətá(:)grəfi klʌb]
□ 天文部	**astronomy club** [əstrá(:)nəmi klʌb]
□ 新聞部	**newspaper club** [nú:zpèipər klʌb]
□ 漫画部	**cartoon art club** [kɑ:rtú:n ɑ:rt klʌb]
□ 書道部	**calligraphy club** [kəlígrəfi klʌb]
□ 茶道部	**tea ceremony club** [tí: sèrəmouni klʌb]
□ 華道部	**flower arrangement club** [fláuər ərèindʒmənt klʌb]
□ 手芸部	**handicraft club** [hǽndikræft klʌb]

入試によくでる！ 🎧48

◆ あなたは何部に入っていますか。—演劇部です。
　What club are you in? — I'm in the drama club.

◆ イマダ先生は剣道部の顧問です。
　Mr. Imada is the _kendo_ team's adviser.

スポーツ

○表現 49

◆ あなたは何のスポーツが好きですか。
What sport do you like?
— 私はサッカーが好きです。
— I like soccer.

○球技 □は↑の ████ と入れかえて使えます。 50

□ サッカー	**soccer** [sá(:)kər]
□ テニス	**tennis** [ténis]
□ 野球	**baseball** [béisbɔːl]
□ バスケットボール	**basketball** [bǽskətbɔːl]
□ バレーボール	**volleyball** [vá(:)libɔːl]
□ ソフトボール	**softball** [sɔ́(:)ftbɔːl]
□ ハンドボール	**handball** [hǽn(d)bɔːl]
□ 卓球	**table tennis** [téibl tènis]
□ ラグビー	**rugby** [rʌ́gbi]
□ アメリカンフットボール	**American football** [əmèrik(ə)n fútbɔːl]
□ フットサル	**futsal** [fútsæl]
□ キックベース（ボール）	**kickball** [kíkbɔ̀ːl]
□ ビーチバレー	**beach volleyball** [bíːtʃ và(:)libɔːl]
□ ゴルフ	**golf** [gɔ́ːlf]
□ ラクロス	**lacrosse** [ləkrɔ́(:)s]
□ ドッジボール	**dodge ball** [dá(:)dʒ bɔ̀ːl]
□ ボウリング	**bowling** [bóuliŋ]
□ ビリヤード	**billiards** [bíljərdz]
□ ホッケー	**hockey** [há(:)ki]

コラム　サッカーとフットボール

世界的に人気のあるスポーツ「サッカー」。日本やアメリカでは soccer と呼びますが，イギリスなどのヨーロッパ圏では football と呼びます。football はアメリカではアメリカンフットボールのことを指します。

球技以外のスポーツ　□は↑の　　　　と入れかえて使えます。（51）

□ 柔道	*judo*
□ 剣道	*kendo*
□ 空手	*karate*
□ すもう	*sumo*
□ テコンドー	**taekwondo** [tàikwɑ(:)ndóu]
□ 陸上競技	**track and field** [trǽk ən fíːld]
□ バドミントン	**badminton** [bǽdmint(ə)n]
□ ダンス	**dancing** [dǽnsiŋ]
□ 体操	**gymnastics** [dʒimnǽstiks]
□ 新体操	**rhythmic gymnastics** [rìðmik dʒimnǽstiks]
□ マラソン	**marathons** [mǽrəθɑ(:)nz]
□ ボクシング	**boxing** [bá(:)ksiŋ]
□ レスリング	**wrestling** [résliŋ]
□ フェンシング	**fencing** [fénsiŋ]
□ アーチェリー	**archery** [áːrtʃ(ə)ri]
□ スケートボード	**skateboarding** [skéitbɔːrdiŋ]
□ ローラースケート	**roller skating** [róulər skèitiŋ]
□ 自転車競技	**cycling** [sáikliŋ]
□ トライアスロン	**triathlon** [traiǽθlən]
□ 重量あげ	**weight lifting** [wéit liftiŋ]
□ 綱引き	**tugs of war** [tʌgz əv wɔːr]
□ 乗馬	**horseback riding** [hɔ́ːrsbæk ráidiŋ]

▶短距離走	sprint [sprint] ＊短距離走者 sprinter [spríntər]
▶長距離走	long-distance running [lɔ(:)ŋ dìst(ə)ns ránɪŋ]
▶ハードル競技	hurdles [hə́:rdlz] ＊ハードル競技者 hurdler [hə́:rdlər]
▶走り幅跳び	long jump [lɔ́(:)ŋ dʒʌ̀mp]
▶やり投げ	javelin throw [dʒǽv(ə)lin θròu]
▶砲丸投げ	shot put [ʃá(:)t pùt]

ウォータースポーツ　□は p.34 の　　　　　と入れかえて使えます。🎧52

☐ 水泳	**swimming** [swímɪŋ]
☐ シンクロナイズドスイミング	**synchronized swimming** [sìŋkrənaizd swímɪŋ]
☐ スキューバダイビング	**scuba diving** [sk(j)ú:bə dàivɪŋ]
☐ ボート(をこぐ)	**boating** [bóutɪŋ] / **sailing** [séilɪŋ]
☐ カヌー(をこぐ)	**canoeing** [kənú:ɪŋ]
☐ サーフィン	**surfing** [sə́:rfɪŋ]
☐ ウィンドサーフィン	**windsurfing** [wíndsə:rfɪŋ]

ウィンタースポーツ　□は p.34 の　　　　　と入れかえて使えます。🎧53

☐ スキー	**skiing** [skí:ɪŋ]
☐ クロスカントリースキー	**cross-country skiing** [krɔ̀(:)skʌ̀ntri skí:ɪŋ]
☐ スケート	**skating** [skéitɪŋ]
☐ フィギュアスケート	**figure skating** [fígjər skèitɪŋ]
☐ スノーボード	**snowboarding** [snóubɔ:rdɪŋ]
☐ アイスホッケー	**ice hockey** [áis hà(:)ki]
☐ カーリング	**curling** [kə́:rlɪŋ]
☐ ボブスレー	**bobsled** [bá:bsled]

入試によくでる！ 🎧54

◆ 私の好きなスポーツは水泳です。

My favorite sport is swimming.

スポーツ用品

○表現 〔55〕

◆ 私は自分のグローブを持っています。

I have my own glove.

○単語・熟語 □は↑の　　　　と入れかえて使えます。〔56〕

□ ボール	**ball** [bɔ:l]	□ バット	**bat** [bæt]
□ グローブ	**glove** [glʌv]	□ ミット	**mitt** [mit]
□ スパイク	**spikes**★ [spaiks]	□ ラケット	**racket** [rǽkət]

□ ユニフォーム　　　　**uniform** [júːnifɔːrm]

□ 水着　　　　　　　　**bathing suit** [béiðiŋ suːt]

　　　　　　　　　　　/ swimsuit [swímsuːt]

□ ゴーグル　　　　　　**goggles**★ [gɑ́(ː)glz]

□ 水泳帽　　　　　　　**swimming cap** [swímiŋ kæp]

□ 竹刀　　　　　　　　**bamboo sword** [bæmbúː sɔːrd]

□ スキー板　　　　　　**skis**★ [skiːz]

□ アイススケート靴　　**ice skates**★ [áis skeits]

□ サーフボード　　　　**surfboard** [sɔ́ːrfbɔːrd]

□ スノーボード　　　　**snowboard** [snóubɔːrd]

□ バトン　　　　　　　**baton** [bətɑ́(ː)n]

＊★の付いている単語はふつう複数形で使う。

≡\ 入試によくでる！ 〔57〕

◆ ソフトテニスをするときは何を使いますか。

What do you use when you play soft tennis?

― ラケットと柔らかいテニスボールを使います。

― We use rackets and soft tennis balls.

楽器

○表現 58

◆ 私は**ピアノ**を演奏することができます。

I can play the piano. ＊play (the) 楽器「…を演奏する」

♀単語・熟語 □は↑の ███ と入れかえて使えます。 **59**

□ ピアノ	**piano** [piǽnou]
□ バイオリン	**violin** [vàiəlín]
□ ギター	**guitar** [gitá:r]

＊アコースティックギターは acoustic guitar [əkù:stik ┴]、
エレキギターは electric guitar [ilèktrik ┴]。

□ ベース	**bass** [beis] **/ bass guitar** [bèis gitá:r]
□ ドラム	**drums** [drʌmz] ＊複数形で使う。
□ 和太鼓	**Japanese drums**★ [dʒæpəní:z drʌmz]
□ リコーダー	**recorder** [rikɔ́:rdər]
□ カスタネット	**castanets** [kæstənéts] ＊複数形で使う。
□ ハーモニカ	**harmonica** [ha:rmá(:)nikə]
□ サクソホン[サックス]	**saxophone** [sǽksəfoun] **/ sax** [sæks]
□ アコーディオン	**accordion** [əkɔ́:rdiən]
□ オルガン	**organ** [ɔ́:rg(ə)n]
□ キーボード	**keyboard**★ [kí:bɔ:rd]
□ シンセサイザー	**synthesizer**★ [sínθəsaizər]
□ 電子ピアノ	**electric piano**★ [ilèktrik piǽnou]
□ シンバル	**cymbals**★ [símb(ə)lz] ＊複数形で使う。
□ 木琴	**xylophone** [záiləfoun]
□ 鉄琴	**glockenspiel** [glá(:)k(ə)nspì:l]
□ ハープ	**harp** [ha:rp]

☐ 三味線　　　　　　　**shamisen**★

☐ 琴　　　　　　　　　**koto**★

＊★の付いている和楽器や種類の多い楽器は，"play 楽器"のように the を付けずに言うことが多い。

コラム　オーケストラを英語で言おう

オーケストラで使われる主な楽器は以下のようなものです。オーケストラ内での位置もだいたい決まっています。

トランペット
trumpet [trʌ́mpət]

トロンボーン
trombone [trɑ(:)mbóun]

チューバ
tuba [túːbə]

クラリネット
clarinet
[klæ̀rənét]

ファゴット
bassoon
[bəsúːn]

ティンパニ
timpani
[tímpəni]

フルート
flute [fluːt]

オーボエ
oboe
[óuboʊ]

ホルン
horn [hɔːrn]

第2バイオリン
second violin

ビオラ
viola [vióulə]

コントラバス
contrabass
[kɑ́(:)ntrəbèis]

第1バイオリン
first violin

チェロ
cello [tʃélou]

指揮者
conductor [kəndʌ́ktər]

趣味

○ 表現 60

◆ あなたは日曜日に何をしますか。

What do you do on Sundays?

— 私は映画を見ます。

— I watch movies.

○ 単語・熟語　□は↑の ▨▨▨ と入れかえて使えます。 61

□ 読書をする	**read books**
□ 漫画を読む	**read comics**
□ 物語を書く	**write stories**
□ 絵を描く	**paint**
□ 写真を撮る	**take pictures**
□ 音楽を聞く	**listen to music**
□ ピアノを弾く	**play the piano**

＊ piano のかわりに他の楽器名も使える。

楽器 ▶ p.38

□ 買い物に行く	**go shopping**
□ 釣りに行く	**go fishing**
□ キャンプに行く	**go camping**
□ サイクリングに行く	**go cycling**
□ 映画に行く	**go to the movies**
□ カラオケに行く	**go to *karaoke***
□ テレビゲームをする	**play video games**
□ 手品[マジック]をする	**perform magic**
□ 編み物をする	**knit**
□ 料理をする	**cook**

□ テレビを見る	**watch TV**
□ ＤＶＤを見る	**watch DVDs**
□ 芝居を見に行く	**go to see plays**
□ ラジオを聞く	**listen to the radio**
□ ケーキを焼く	**bake cakes**
□ スポーツをする	**play sports**

* sports のかわりに具体的なスポーツ名も使える。

スポーツ ▶ p.34

□ 電話で話す	**talk on the phone**
□ ネットサーフィンをする	**surf the Internet**
□ ブログを書く	**write blogs**
□ ホームページを作る	**make websites**
□ 山に登る	**climb mountains**
□ 泳ぎに行く	**go swimming**
□ ガーデニングをする	**do gardening**
□ ペットと遊ぶ	**play with my pet**
□ イヌの散歩に行く	**walk my dog**
□ 日記を書く	**write in my diary**
□ 旅行をする	**travel / take trips**
□ 温泉に行く	**go to hot springs**
□ 遊園地に行く	**go to amusement parks**
□ ドライブに出かける	**go for a drive**

三 入試によくでる！ 🎧62

◆ あなたの趣味は何ですか。— 私の趣味は旅行をすることです。

What is your hobby? — My hobby is to travel.

◆ 私の兄[弟]はギターを弾くのが好きです。

My brother likes to play the guitar.

* like to *do*「…するのが好きである」は like *doing* と書きかえられる。

動物

◯ 動物 🎧63

- ☐ イヌ **dog** [dɔ(ː)g]
- ☐ ネコ **cat** [kæt]
- ☐ ウサギ **rabbit** [rǽbət]
- ☐ ネズミ **mouse** [maus] ＊複数形は mice [mais]。
- ☐ ハムスター **hamster** [hǽmstər]
- ☐ リス **squirrel** [skwə́ːr(ə)l]
- ☐ 牛 **cow** [kau] ＊乳牛のことを言う。
- ☐ 馬 **horse** [hɔːrs]
- ☐ ロバ **donkey** [dá(ː)ŋki]
- ☐ シカ **deer** [diər] ＊複数形も deer。
- ☐ トナカイ **reindeer** [réindiər] ＊複数形も reindeer。
- ☐ ヒツジ **sheep** [ʃiːp] ＊複数形も sheep。
- ☐ ヤギ **goat** [gout]
- ☐ ブタ **pig** [pig]
- ☐ キツネ **fox** [fɑ(ː)ks]
- ☐ ライオン **lion** [láiən]
- ☐ サル **monkey** [máŋki]
- ☐ ゴリラ **gorilla** [gərílə]
- ☐ チンパンジー **chimpanzee** [tʃìmpænzíː]
- ☐ モグラ **mole** [moul]
- ☐ サイ **rhinoceros** [rainá(ː)s(ə)rəs] ＊略式で rhino [ráinou]とも言う。
- ☐ カバ **hippopotamus** [hìpəpá(ː)təməs] ＊略式でhippo[hípou]とも言う。
- ☐ クマ **bear** [beər] ＊シロクマは polar bear [póulər -́]。
- ☐ パンダ **panda** [pǽndə]
- ☐ アライグマ **raccoon** [rækúːn] ＊略式で coon [kuːn]とも言う。

- ☐ トラ **tiger** [táigər]
- ☐ チーター **cheetah** [tʃíːtə]
- ☐ キリン **giraffe** [dʒərǽf]
- ☐ ゾウ **elephant** [élif(ə)nt]

☐ タヌキ	**raccoon dog** [rækúːn dɔ̀(ː)g]		
☐ シマウマ	**zebra** [zíːbrə]		
☐ ラクダ	**camel** [kǽm(ə)l]		
☐ オオカミ	**wolf** [wulf]		
☐ イノシシ	**boar** [bɔːr]		
☐ カンガルー	**kangaroo** [kæ̀ŋgərúː]		
☐ コアラ	**koala** [kouɑ́ːlə]		
☐ イルカ	**dolphin** [dɑ́(ː)lfin]		
☐ クジラ	**whale** [(h)weil]	☐ ラッコ	**sea otter** [síː àːtər]
☐ アシカ	**sea lion** [síː làiən]	☐ 陸ガメ	**tortoise** [tɔ́ːrtəs]
☐ アザラシ	**seal** [siːl]	☐ 海ガメ	**turtle** [tə́ːrtl]

○鳥 〔64〕

☐ 鳥	**bird** [bəːrd]		
☐ スズメ	**sparrow** [spǽrou]		
☐ ハト	**pigeon** [pídʒ(ə)n] / **dove** [dʌv]		
☐ カラス	**crow** [krou]	☐ ワシ	**eagle** [íːgl]
☐ アヒル, カモ	**duck** [dʌk]	☐ タカ	**hawk** [hɔːk]
☐ ツバメ	**swallow** [swɑ́(ː)lou]	☐ フクロウ	**owl** [aul]
☐ カモメ	**seagull** [síːgʌl]	☐ クジャク	**peacock** [píːkɑ(ː)k]
☐ 白鳥	**swan** [swɑ(ː)n]	☐ ペンギン	**penguin** [péŋgwin]

コラム 動物の呼び名

年齢や性別などによって，呼び方が変わる動物もいます。

▶イヌ dog [dɔ(ː)g] ― 子イヌ puppy [pʌ́pi]

▶ネコ cat [kæt] ― 子ネコ kitten [kít(ə)n]

▶おんどり rooster [rúːstər] ― めんどり hen [hen]

▶牛(総称) cattle [kǽtl] ― 子牛 calf [kæf]

　雄牛 bull [bul] / ox [ɑ(ː)ks] ― 乳牛 cow [kau]

▶ヒツジ(総称) sheep [ʃiːp] ― 子ヒツジ lamb [læm]

　雄のヒツジ ram [ræm] ― 雌のヒツジ ewe [juː]

職業

◆ あなたの仕事は何ですか。

What do you do (for a living)? ＊ for a living「生活のために」

What is your occupation?

— 医者です。

— **I'm a[an] doctor.**

— 教師をしています。

— **I work as a[an] teacher.**

🔈単語・熟語　□は↑の ▮▮▮ と入れかえて使えます。　🎧66

□ 教師	**teacher** [tíːtʃər]
□ サラリーマン	**office worker** [á(ː)fəs wə̀ːrkər]
□ 公務員	**public official** [pʌ̀blik əfíʃ(ə)l]
□ 消防士	**firefighter** [fáiərfàitər]
□ 警察官	**police officer** [pəlíːs à(ː)fəsər]
□ 医者	**doctor** [dá(ː)ktər]
□ 看護師	**nurse** [nəːrs]
□ 獣医	**veterinarian** [vèt(ə)rəné(ə)riən] / **vet** [vet]
□ カウンセラー	**counselor** [káuns(ə)lər]
□ 介護福祉士	**care worker** [kéər wə̀ːrkər]
□ 弁護士	**lawyer** [lɔ́ːjər]
□ 秘書	**secretary** [sékrəteri]
□ 美容師	**beautician** [bjuːtíʃ(ə)n]
□ コック	**cook** [kuk]
□ パン屋	**baker** [béikər]
□ 花屋	**florist** [flɔ́(ː)rist]

□ 農家	**farmer** [fáːrmər]
□ 漁師	**fisherman** [fíʃərmən] **/ fisher** [fíʃər]
□ 大工	**carpenter** [káːrp(ə)ntər]
□ 政治家	**politician** [pà(ː)lətíʃ(ə)n]
□ 裁判官	**judge** [dʒʌdʒ]
□ 翻訳家	**translator** [trænsléitər]
□ 通訳者	**interpreter** [intə́ːrprətər]
□ パイロット	**pilot** [páilət]
□ 客室乗務員	**flight attendant** [fláit ətènd(ə)nt]
□ バスの運転手	**bus driver** [bʌ́s dràivər]
□ 宇宙飛行士	**astronaut** [ǽstrənɔːt]
□ アナウンサー	**announcer** [ənáunsər]
□ 写真家	**photographer** [fətá(ː)grəfər]
□ 新聞記者	**newspaper reporter** [núːzpèipər ripɔ̀ːrtər]
□ 作家	**writer** [ráitər]
□ 漫画家	**cartoonist** [kɑːrtúːnist]
□ 小説家	**novelist** [ná(ː)v(ə)list]
□ デザイナー	**designer** [dizáinər]
□ イラストレーター	**illustrator** [íləstreitər]
□ 歌手	**singer** [síŋər]
□ ギタリスト	**guitarist** [gitáːrist]
□ ピアニスト	**pianist** [piǽnəst]
□ サッカー選手	**soccer player** [sá(ː)kər plèiər]
□ 俳優	**actor** [ǽktər] ＊男女どちらにも使える。
□ モデル	**model** [má(ː)dl]

コラム　外国語由来の職業名

料理に関係する職業名など，英語以外の言語に由来するものもあります。
（フランス語）chef「シェフ」，sommelier「ソムリエ」，patissier「パティシエ」
（イタリア語）barista「バリスタ」

感情

○表現 (67)

◆ 彼女は幸せです。

She is happy.

○単語・熟語 □は↑の　　　と入れかえて使えます。 (68)

□ 幸福な **happy**

[hǽpi]

□ 悲しい **sad**

[sǽd]

□ 怒った **angry**

[ǽŋgri]

□ 疲れた **tired**

[taiərd]

□ 興奮した **excited**

[iksáitid]

□ 心配して **worried**

[wə́:rid]

□ 恐れて **afraid**

[əfréid]

□ 緊張して **nervous**

[nə́:rvəs]

□ 驚いて **surprised**

[sərpráizd]

□ うれしい	**glad** [glæd]
□ 満足して	**satisfied** [sǽtisfaid]
□ 愉快な	**cheerful** [tʃíərf(ə)l]
□ 喜んで	**delighted** [diláitid]
□ 困った	**annoyed** [ənɔ́id]
□ 怖がった	**scared** [skeərd]
□ 気の毒で	**sorry** [sá(:)ri]
□ 気がかりな, 不安な	**anxious** [ǽŋkʃəs]
□ 混乱した	**confused** [kənfjú:zd]
□ 孤独な	**lonely** [lóunli]
□ 恥ずかしい	**embarrassed** [imbǽrəst]
□ 不幸せな	**unhappy** [ʌnhǽpi]
□ 落ち込んだ	**depressed** [diprést]
□ 落胆した	**disappointed** [dìsəpɔ́intid]
□ 退屈した	**bored** [bɔːrd]

○ 感情に関連する語句　69

◇ 笑う	**laugh** [læf]	◇ 泣く	**cry** [krai]
◇ 震える	**shiver** [ʃívər]	◇ 笑顔	**smile** [smail]
◇ 涙	**tears** [tiərz] ＊ふつう複数形で使う。		
◇ 汗	**sweat** [swet]		
◇ 動悸	**heartbeat** [háːrtbiːt]		
◇ 鳥肌	**goose bumps** [gúːs bʌ̀mps]		

（動き）

≡ 入試によくでる！　70

◆ あなたにお会いできてうれしいです。

I'm glad to see you. ＊be glad to *do* ... 「…してうれしい」

◆ そのニュースは私を悲しくさせました。

The news made me sad. ＊make ... ～ 「…を～にする」

47

人柄

○表現　71

◆ 彼は親切だと思います。

I think he is kind.

○単語・熟語　□は↑の　　　　と入れかえて使えます。　72

□ 友好的な	**friendly** [fréndli]
□ 穏やかな	**gentle** [dʒéntl]
□ おもしろい	**funny** [fʌ́ni]
□ ユーモアのある	**humorous** [hjúːm(ə)rəs]
□ 賢い	**smart** [smɑːrt]
□ 冷静な	**cool** [kuːl]
□ 正直な	**honest** [á(ː)nəst]
□ 恥ずかしがり屋な	**shy** [ʃai]
□ 寛大な	**generous** [dʒén(ə)rəs]
□ 品のある	**noble** [nóubl]
□ 礼儀正しい	**polite** [pəláit] **/ well-mannered** [wèl mǽnərd]
□ 頑固な	**stubborn** [stʌ́bərn]
□ 知的な	**intelligent** [intélidʒ(ə)nt]
□ 厳しい	**strict** [strikt]
□ 威厳のある	**dignified** [dígnifàid]
□ 我慢強い	**patient** [péiʃ(ə)nt]
□ せっかちな	**impatient** [impéiʃ(ə)nt]
□ 短気な	**short-tempered** [ʃɔ̀ːrt témpərd]
□ 勤勉な	**diligent** [dílidʒ(ə)nt]
□ 几帳面な	**well-organized** [wèl ɔ́ːrɡənaizd]

地域・大陸

● 地域

☑ アジア　　　　**Asia** [éiʒə]

☑ オセアニア　　**Oceania** [òuʃiǽniə]

☑ ヨーロッパ　　**Europe** [jú(ə)rəp]

☑ アフリカ　　　**Africa** [ǽfrikə]

☑ 北アメリカ　　**North America** [nɔ̀:rθ əmérikə]

☑ 南アメリカ　　**South America** [sàuθ əmérikə]

● 大陸・大洋

☑ 大陸　　　　　**continent** [ká(:)nt(ə)nənt]

ユーラシア大陸
Eurasian Continent
[ju(ə)rèiʒ(ə)n ká(:)nt(ə)nənt]

北アメリカ大陸
North American Continent
[nɔ:rθ əmèrik(ə)n ká(:)nt(ə)nənt]

アフリカ大陸
African Continent
[ǽfrik(ə)n ká(:)nt(ə)nənt]

南アメリカ大陸
South American Continent
[sauθ əmèrik(ə)n ká(:)nt(ə)nənt]

オーストラリア大陸
Australian Continent
[ɔ(:)strèiliən ká(:)nt(ə)nənt]

南極大陸 **Antarctic Continent** [æntɑ̀:rktik ká(:)nt(ə)nənt]
　＊ Antarctica [æntá:rktikə] とも言う。

☑ 大洋　　　　　**ocean** [óuʃ(ə)n]

☑ 太平洋　　　　**Pacific Ocean** [pəsìfik óuʃ(ə)n]

☑ 大西洋　　　　**Atlantic Ocean** [ətlǽntik óuʃ(ə)n]

☑ インド洋　　　**Indian Ocean** [ìndiən óuʃ(ə)n]

○表現　〔75〕

◆ あなたはこれまでにカナダへ行ったことがありますか。

Have you ever been to Canada?

＊ have been to … 「…へ行ったことがある」

（♀アジア）　□は↑の　　　と入れかえて使えます。　〔76〕

□ 日本	**Japan** [dʒəpǽn]
□ 韓国	**South Korea** [sàuθ kərí(:)ə]
□ 中国	**China** [tʃáinə]
□ モンゴル	**Mongolia** [mɑ(:)ŋgóuliə]
□ タイ	**Thailand** [táilænd]
□ ベトナム	**Vietnam** [vìːetnɑ́ːm]
□ フィリピン	**the Philippines** [ðə fíləpiːnz]
□ インドネシア	**Indonesia** [ìndo(u)níːʒə]
□ インド	**India** [índiə]

（♀南北アメリカ）　□は↑の　　　と入れかえて使えます。　〔77〕

□ アメリカ合衆国

America [əmérikə] **/ the U.S.** [ðə juːés] **/ the U.S.A.** [ðə juːeséi]

＊ the U.S.A. は the United States of America の略。

□ カナダ	**Canada** [kǽnədə]	□ メキシコ	**Mexico** [méksikou]
□ ブラジル	**Brazil** [brəzíl]	□ アルゼンチン	**Argentina** [àːrdʒ(ə)ntíːnə]

（♀ヨーロッパ）　□は↑の　　　と入れかえて使えます。　〔78〕

□ イギリス　**Britain** [brít(ə)n] **/ the U.K.** [ðə juːkéi]

＊ the U.K. は the United Kingdom (of Great Britain and Northern Ireland) の略。

「グレートブリテンおよび北アイルランド連合王国」の意味。

□ フランス	**France** [fræns]	□ イタリア	**Italy** [ít(ə)li]

□ ドイツ　　　**Germany** [dʒə́ːrməni]

□ オランダ　　**the Netherlands** [ðə néðərləndz] **/ Holland** [hɑ́(ː)lənd]

□ スイス　　　**Switzerland** [swítsərlənd]

□ スペイン　**Spain** [spein]　　□ ロシア　**Russia** [rʌ́ʃə]

(♀**オセアニア**)　□は↑の　　　と入れかえて使えます。🎧**79**

□ オーストラリア　　　**Australia** [ɔ(ː)stréiliə]

□ ニュージーランド　　**New Zealand** [nu(ː) zíːlənd]

(♀**アフリカ**)　□は↑の　　　と入れかえて使えます。🎧**80**

□ エジプト　**Egypt** [íːdʒipt]　　□ ケニア　**Kenya** [kénjə]

◯表現　🎧**81**

◆ 彼はイタリア語を話すことができます。
　He can speak Italian.

(♀**世界の言語**)　□は↑の　　　と入れかえて使えます。🎧**82**

□ 日本語　　　　　　**Japanese** [dʒæ̀pəníːz]

□ 朝鮮語，韓国語　　**Korean** [kərí(ː)ən]

□ 中国語　　　　　　**Chinese** [tʃàiníːz]

□ ベトナム語　　　　**Vietnamese** [viètnəmíːz]

□ インドネシア語　　**Indonesian** [ìndo(u)níːʒ(ə)n]

□ 英語　　　　　　　**English** [íŋgliʃ]

□ フランス語　　　　**French** [frentʃ]

□ イタリア語　　　　**Italian** [itǽljən]

□ ドイツ語　　　　　**German** [dʒə́ːrmən]

□ オランダ語　　　　**Dutch** [dʌtʃ]

□ スペイン語　　　　**Spanish** [spǽniʃ]

□ ロシア語　　　　　**Russian** [rʌ́ʃ(ə)n]

都市

◆ あなたは昨年ロンドンに行きましたか。

　Did you go to London last year?

◆ ニューヨークで　**in New York**

（アジア―韓国／中国）　□は↑の □□□ と入れかえて使えます。(84)

□ ソウル　　　　　　**Seoul** [soul]

□ 北京　　　　　　　**Beijing** [bèidʒíŋ]

□ 上海　　　　　　　**Shanghai** [ʃæŋhái]

□ 香港　　　　　　　**Hong Kong** [há(:)ŋ ká(:)ŋ]

（北アメリカ―カナダ／アメリカ合衆国）

□は↑の □□□ と入れかえて使えます。(85)

□ オタワ　　　　　　**Ottawa** [á(:)təwə]

□ トロント　　　　　**Toronto** [tərá(:)ntou]

□ モントリオール　　**Montreal** [mà(:)ntrió:l]

□ バンクーバー　　　**Vancouver** [vænkú:vər]

□ ワシントン D.C.　**Washington, D.C.** [wá(:)ʃiŋtən dì:sí:]

□ ニューヨーク　　　**New York** [nù: jɔ́:rk]

□ ボストン　　　　　**Boston** [bɔ́:st(ə)n]

□ シカゴ　　　　　　**Chicago** [ʃiká:gou]

□ シアトル　　　　　**Seattle** [siǽtl]

□ ロサンゼルス　　　**Los Angeles** [lɔ:s ǽndʒ(ə)ləs]

□ サンフランシスコ　**San Francisco** [sæn fr(ə)nsískou]

□ ニューオーリンズ　**New Orleans** [nù: ɔ́:rlənz]

□ カリフォルニア　　**California** [kæləfɔ́:rnjə] ＊州を表す。

□ マサチューセッツ　**Massachusetts** [mæsətʃúːsits] ＊州を表す。

□ ハワイ　　　　　　**Hawaii** [həwáːiː] ＊州を表す。

□ アラスカ　　　　　**Alaska** [əlǽskə] ＊州を表す。

♀ヨーロッパ─イギリス／イタリア／フランス／ドイツ／スイス／ロシア

□は↑の [   ] と入れかえて使えます。🎧86

□ ロンドン　　　　　**London** [lʌ́ndən]

□ リバプール　　　　**Liverpool** [lívərpuːl]

□ オックスフォード　**Oxford** [á(ː)ksfərd]

□ ローマ　　**Rome** [roum]　　　　□ パリ　　　　**Paris** [pǽris]

□ フィレンツェ **Florence** [flɔ́(ː)r(ə)ns] □ ニース　　　**Nice** [niːs]

□ ベネチア　**Venice** [vénis]　　　□ ベルリン　　**Berlin** [bəːrlín]

□ ナポリ　　**Naples** [néiplz]　　　□ ミュンヘン **Munich** [mjúːnik]

□ フランクフルト　　**Frankfurt** [frǽŋkfəːrt]

□ ジュネーブ　　　　**Geneva** [dʒəníːvə]

□ モスクワ　　　　　**Moscow** [má(ː)skau]

♀オセアニア─オーストラリア □は↑の [   ] と入れかえて使えます。🎧87

□ シドニー　**Sydney** [sídni]

□ メルボルン **Melbourne** [mélbərn]

□ ケアンズ　**Cairns** [kéərnz]

≡ 入試によくでる！ 🎧88

◆ アメリカの首都はワシントン D.C. です。

The capital of America is Washington, D.C. ＊ capital「首都」

◆ ロンドンはビッグベンで有名です。

London is famous for Big Ben.

＊ be famous for ...「…で有名である」

自然・方角

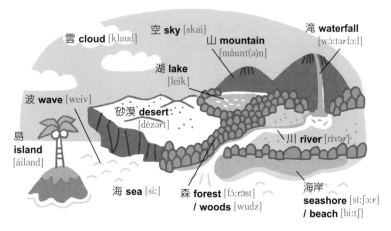

雲 **cloud** [klaud]

空 **sky** [skai]

山 **mountain** [máunt(ə)n]

滝 **waterfall** [wɔ́:tərfɔ:l]

湖 **lake** [leik]

波 **wave** [weiv]

砂漠 **desert** [dézərt]

島 **island** [áilənd]

川 **river** [rívər]

海 **sea** [si:]

森 **forest** [fɔ́:rəst] / **woods** [wudz]

海岸 **seashore** [sí:ʃɔ:r] / **beach** [bi:tʃ]

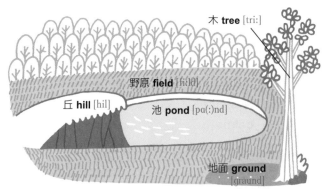

木 **tree** [tri:]

野原 **field** [fi:ld]

丘 **hill** [hil]

池 **pond** [pɑ(:)nd]

地面 **ground** [graund]

☑ 平野　　　**plain** [plein]　　　☑ 高地　　　**highlands** [háiləndz]

☑ 草原　　　**grassland** [grǽslænd]　☑ 湿地帯　**marsh** [mɑ:rʃ]

☑ 沼地　　　**swamp** [swɑ(:)mp]　　☑ サバンナ　**savanna** [səvǽnə]

☑ 氷河　　　**glacier** [gléiʃər]　　☑ 氷山　　　**iceberg** [áisbə:rg]

☑ 熱帯雨林　**tropical rain forest** [trɑ́(:)pik(ə)l réin fɔ́:rəst]

○方角 〔90〕

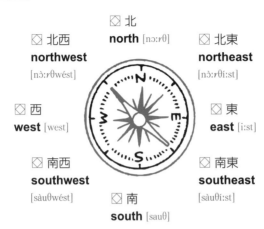

☑ 北
north [nɔːrθ]

☑ 北西
northwest
[nɔ̀ːrθwést]

☑ 北東
northeast
[nɔ̀ːrθíːst]

☑ 西
west [west]

☑ 東
east [iːst]

☑ 南西
southwest
[sàuθwést]

☑ 南東
southeast
[sàuθíːst]

☑ 南
south [sauθ]

☑ 北北西　**north-northwest** [nɔ̀ːrθnɔ̀ːrθwést]
☑ 北北東　**north-northeast** [nɔ̀ːrθnɔ̀ːrθíːst]
☑ 南南西　**south-southwest** [sàuθsàuθwést]
☑ 南南東　**south-southeast** [sàuθsàuθíːst]

○その他の関連語 〔91〕

☑ 北の　**northern** [nɔ́ːrðərn]　　☑ 東の　**eastern** [íːstərn]
☑ 西の　**western** [wéstərn]　　☑ 南の　**southern** [sʌ́ðərn]

≡ 入試によくでる！ 〔92〕

◆ 私たちはどちらの方角に進むべきですか。— 南です。
　Which direction should we go? — **To the south.**

◆ 彼の家は市の北部に位置します。
　His house is located in the northern part of the city.

交通・乗り物

◆ あなたはどうやってそこへ行きますか。

How do you go there?

— 電車で行きます。

— **By train.**

○単語・熟語　□は⬆の　　　　と入れかえて使えます。　🎧94

□ 自転車	**bike** [baik] **/ bicycle** [báisikl]
□ オートバイ	**motorbike** [móutərbaik] **/ motorcycle** [móutərsàikl]
	＊原動機付き自転車も含む。
□ 自動車	**car** [kɑːr]
□ トラック	**truck** [trʌk]
□ タクシー	**taxi** [tǽksi] **/ cab** [kæb]
□ バス	**bus** [bʌs]
□ リムジン	**limousine** [líməziːn]
	＊大型高級車とリムジンバスの両方を指す。
□ 電車	**train** [trein]
□ 路面電車	**streetcar** [stríːtkɑːr]
□ 地下鉄	**subway** [sʌ́bwei]
□ モノレール	**monorail** [má(ː)nəreil]
□ 新幹線	**bullet train** [búlit trèin]
□ 飛行機	**airplane** [éərplein] ＊ plane [plein] とも言う。
□ ヘリコプター	**helicopter** [héləkɑ(ː)ptər]
□ 気球	**balloon** [bəlúːn]
□ ボート	**boat** [bout]
□ 船	**ship** [ʃip]

☐ フェリー	**ferry** [féri]	
☐ ヨット	**yacht** [jɑ(:)t]	
☐ 一輪車	**unicycle** [júːnisàikl]	
☐ 三輪車	**tricycle** [tráisikl]	*子ども用のものを指す。
☐ パトカー	**police car** [pəlíːs kàːr]	
☐ 救急車	**ambulance** [æmbjələns]	
☐ 消防車	**fire engine** [fáiər èndʒin]	
☐ ロケット	**rocket** [rá(:)kət]	
☐ 宇宙船	**spacecraft** [spéiskræft] / **spaceship** [spéisʃip]	

◯ その他の関連語 🎧 95

◇ 道路	**road** [roud]
◇ 高速道路	**expressway** [ikspréswei] / **freeway** [fríːwei]
◇ 歩道	**sidewalk** [sáidwɔːk]
◇ 横断歩道	**crossing** [krɔ́(:)siŋ] / **crosswalk** [krɔ́(:)swɔːk]
◇ 交差点	**intersection** [intərsékʃ(ə)n]
◇ 踏切	**railroad crossing** [réilroud krɔ̀(:)siŋ]
◇ 信号	**traffic light** [træfik lait]
◇ 標識	**sign** [sain]
◇ ガードレール	**guardrail** [gɑ́ːrdrèil]
◇ トンネル	**tunnel** [tʌ́n(ə)l]
◇ 行き止まり	**dead end** [dèd énd]
◇ 渋滞	**traffic jam** [træfik dʒæm]

コラム　地下鉄の呼び方

英語では地下鉄のことを subway というのが一般的ですが, イギリスのロンドンの地下鉄は the Underground や the Tube と呼ばれています。the Tube とは, ロンドンの地下鉄のトンネルが丸い筒状であることに由来しています。また, フランスのパリの地下鉄は the Metro と呼ばれており, 日本でも「メトロ」と言えば地下鉄のことを指すように, 「地下鉄＝ metro」として広く知られていることばです。

街・施設

○表現　96

◆ 駅までの道を教えていただけませんか。

Could you tell me the way to the station?

○公共の施設など　□は↑の　　　　と入れかえて使えます。　97

□ 公園	**park** [pɑːrk]
□ 市役所	**city hall** [sìti hɔ́ːl]
□ 公民館	**public hall** [pʌ̀blik hɔ́ːl]
	/ community center [kəmjúːnəti sèntər]
□ 警察署	**police station** [pəlíːs stèiʃ(ə)n]
	＊交番は police box。
□ 消防署	**fire station** [fáiər stèiʃ(ə)n]
□ 裁判所	**court** [kɔːrt]
□ 刑務所	**jail** [dʒeil] **/ prison** [príz(ə)n]
□ 税務署	**tax office** [tǽks à(ː)fəs]
□ 郵便局	**post office** [póust à(ː)fəs]
	＊郵便ポストは mailbox。
□ 銀行	**bank** [bæŋk]
□ 会社	**office** [á(ː)fəs]
□ 工場	**factory** [fǽkt(ə)ri]
□ 塔	**tower** [táuər]
□ 発電所	**power plant** [páuər plǽnt]
□ 浄水場	**water treatment plant** [wɔ́ːtər tríːtmənt plǽnt]
□ ダム	**dam** [dæm]

post office
〒

教育・医療・福祉関連の施設 □は↑の　　　と入れかえて使えます。 🔊**98**

□ 学校	**school** [sku:l]
□ 病院	**hospital** [há(:)spitl]
□ 図書館	**library** [láibreri]
□ 塾	**cram school** [krǽm skù:l]
□ 診療所	**clinic** [klínik]
□ 保育所，託児所	**nursery** [nə́:rs(ə)ri]
	/ day-care center [déikeər sèntər]
□ 介護施設	**nursing home** [nə́:rsiŋ hòum]

交通関係の施設 □は↑の　　　と入れかえて使えます。 🔊**99**

□ 駅	**station** [stéiʃ(ə)n]
□ 空港	**airport** [éərpɔ:rt]
□ ヘリポート	**heliport** [hélipɔ:rt]
□ 港	**harbor** [há:rbər]
□ バス停	**bus stop** [bʌ́s stà(:)p]
□ バスターミナル	**bus terminal** [bʌ́s tə̀:rmən(ə)l]
□ 駐車場	**parking lot[area]** [pá:rkiŋ là(:)t][‐ è(ə)riə]
□ ガソリンスタンド	**gas station** [gǽs stèiʃ(ə)n]
◇ サービスエリア	**service area** [sə́:rvəs è(ə)riə]
◇ 高速道路	**expressway** [ikspréswèi] **/ freeway** [frí:wei]

入試によくでる！ 🔊**100**

◆ 空港へはどうやって行けばよいですか。

How can I get to the airport? ＊get to ... 「…に着く」

◆ あなたの町にはいくつの映画館がありますか。

How many movie theaters are there in your town?

― 2つあります。

― **There are two.**

59

□ 喫茶店	**coffee shop** [kɔ́:fi ʃɑ(:)p]
□ ホテル	**hotel** [hòutél]
□ 市場	**market** [má:rkət]
□ 映画館	**movie theater** [mú:vi θìətər]
□ 遊園地	**amusement park** [əmjú:zmənt pɑ:rk]
□ 動物園	**zoo** [zu:]
□ 水族館	**aquarium** [əkwé(ə)riəm]
□ 博物館	**museum** [mju(:)zí(:)əm]
□ 美術館	**(art) museum** [á:rt mju(:)zì(:)əm]
□ 植物園	**botanical garden** [bətǽnik(ə)l gá:rd(ə)n]
□ デパート	**department store** [dipá:rtmənt stɔ:r]
□ 競技場，野球場	**stadium** [stéidiəm]
	＊野球場は ballpark とも言う。
□ コンサートホール	**concert hall** [kà(:)nsərt hɔ́:l]
□ ゲームセンター	**game [video] arcade** [geim ɑ:rkéid] [vìdiou -́]

□ 神社	**shrine** [ʃrain]
□ 寺	**temple** [témpl]
□ 教会	**church** [tʃə:rtʃ]
□ 礼拝堂	**chapel** [tʃǽp(ə)l]
	＊教会や学校，病院などにあるものを指す。
□ 大聖堂	**cathedral** [kəθí:dr(ə)l]
□ 修道院	**monastery** [má(:)nəstèri] / **convent** [ká(:)nv(ə)nt]
	＊ monastery は男子修道院, convent は女子修道院を指す。
□ モスク	**mosque** [mɑ(:)sk]

○ その他の関連語 🎧103

▢ 市，都市	**city** [síti]
▢ 町	**town** [taun] ＊city より小さく，village より大きい。
▢ 村	**village** [vílidʒ]
▢ 住宅街	**residential area** [rèzidénʃ(ə)l è(ə)riə]
▢ 商店街	**shopping mall** [ʃá(:)piŋ mɔːl]
▢ マンション，アパート	
	apartment house [building]
	[əpáːrtmənt haus] [‐ bíldiŋ]
	＊英語の mansion は「大邸宅」の意味。
▢ 橋	**bridge** [bridʒ]
▢ 歩道橋	**pedestrian bridge** [pədèstriən brídʒ]
▢ 電信柱	**utility pole** [jutíləti poul]
▢ 噴水	**fountain** [fáunt(ə)n]
▢ 自動ドア	**automatic door** [ɔːtəmǽtik dɔ́ːr]
▢ エレベーター	**elevator** [éliveitər]
▢ エスカレーター	**escalator** [éskəleitər]
▢ 自動販売機	**vending machine** [véndiŋ məʃìːn]
▢ 区画	**block** [blɑ(:)k]
▢ 角	**corner** [kɔ́ːrnər]
▢ 大通り	**avenue** [ǽvənuː]
▢ 通り	**street** [striːt]
▢ 歩道	**sidewalk** [sáidwɔːk]
▢ 車道	**roadway** [róudwei]
▢ 横断歩道	**crossing** [krɔ́(:)siŋ] **/ crosswalk** [krɔ́(:)swɔːk]
▢ 交差点	**intersection** [ìntərsékʃ(ə)n]
▢ 地区	**district** [dístrikt]
▢ 看板	**signboard** [sáinbɔːrd]
▢ 街灯	**streetlight** [stríːtlait]

61

店

○表現　104

◆ 駅の近くに花屋があります。

There is a[an] flower shop near the station.

○単語・熟語　□は↑の　　　と入れかえて使えます。　105

□ コンビニ	**convenience store** [kənvíːniəns stɔ̀ːr]
□ スーパーマーケット	**supermarket** [súːpərmɑ̀ːrkət]
□ 食料雑貨店	**grocery** [gróus(ə)ri]
□ パン屋	**bakery** [béik(ə)ri]
□ ファストフード店	**fast-food restaurant** [fæstfúːd rèstərənt]
□ お菓子屋, ケーキ屋	**candy store** [kǽndi stɔ̀ːr]
	/ cake shop [keik ʃɑ(ː)p]
□ レストラン	**restaurant** [réstərənt]
□ 酒店	**liquor store** [líkər stɔ̀ːr]
□ 本屋	**bookstore** [búkstɔ̀ːr]
□ 楽器屋	**musical instrument store**
	[mjùːzik(ə)l ínstrəmənt stɔ̀ːr]
□ 電気屋	**electronics store** [ilèktrɑ́(ː)niks stɔ̀ːr]
□ 衣料品店	**clothing store** [klóuðiŋ stɔ̀ːr]
□ 眼鏡屋	**optician's** [ɑ(ː)ptíʃ(ə)nz]
□ クリーニング屋	**cleaners** [klíːnərz]
□ 美容室	**hair salon** [héər səlà(ː)n] ＊床屋は barbershop。
□ 花屋	**flower shop** [fláuər ʃɑ(ː)p] **/ florist** [flɔ́(ː)rist]
□ ドラッグストア	**drugstore** [drʌ́gstɔːr]
□ ペットショップ	**pet shop** [pét ʃɑ(ː)p]
□ おもちゃ屋	**toyshop** [tɔ́iʃɑ(ː)p]

食事

○表現 106

◆ 朝食に　**for breakfast**

○単語・熟語　□は↑の　　　　と入れかえて使えます。 107

◇ 食事　　　　　　　**meal** [mi:l]

□ 朝食　　　　　　　**breakfast** [brékfəst]

□ 昼食　　　　　　　**lunch** [lʌntʃ]

□ 夕食　　　　　　　**dinner** [dínər] **/ supper** [sʌ́pər]

＊ dinner は1日のうちの主となる食事，supper は1日のうちで最後にとる食事。

□ 軽食　　　　　　　**light meal** [lait mi:l]

□ 間食　　　　　　　**snack** [snæk]

□ 夜食　　　　　　　**late-night snack** [leitnait snæk]

□ デザート　　　　　**dessert** [dizə́:rt]

○その他の関連語 108

◇ 和食　　　　　　　**Japanese food** [dʒæpəní:z fu:d]

◇ 洋食　　　　　　　**Western food** [wéstərn fu:d]

◇ 中華料理　　　　　**Chinese food** [tʃàiní:z fu:d]

◇ バイキング　　　　**buffet meal** [bəféi mi:l]

◇ コース料理　　　　**course meal** [kɔ́:rs mi:l]

◇ 主菜　　　　　　　**main dish** [méin diʃ]

◇ 副菜　　　　　　　**side dish** [sáid diʃ]

コラム　breakfast の語源

breakfast「朝食」の語源は，「break ＝破る」＋「fast ＝断食」で，「断食を破る」という意味です。睡眠中は食事をとらないので，これを「断食」ととらえ，その「断食」を「破る」食事が朝食なので，こう呼ばれます。

食卓

○表現 109

◆ 塩を取っていただけませんか。

Could you pass me the salt?

○単語・熟語 □は↑の　　と入れかえて使えます。 110

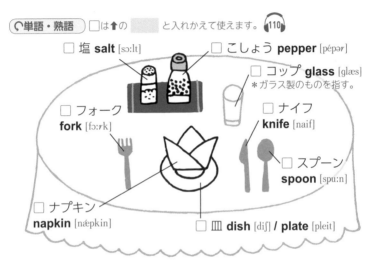

□ 塩 **salt** [sɔ:lt]　　□ こしょう **pepper** [pépər]

□ コップ **glass** [glæs]
＊ガラス製のものを指す。

□ フォーク
fork [fɔ:rk]

□ ナイフ
knife [naif]

□ スプーン
spoon [spu:n]

□ ナプキン
napkin [nǽpkin]

□ 皿 **dish** [diʃ] / **plate** [pleit]

□ 箸	**chopsticks** [tʃá(:)pstiks]	
□ 箸置き	**chopstick rest** [tʃá(:)pstik rest]	
□ 茶わん	**bowl** [boul]	＊ご飯をよそう茶わんは rice bowl とも言う。
□ 紅茶茶わん	**teacup** [tí:kʌp]	
□ マグカップ	**mug** [mʌg]	
□ 調味料	**seasoning** [sí:z(ə)niŋ]	
□ しょうゆ	**soy sauce** [sɔ́i sɔ:s]	
□ 砂糖	**sugar** [ʃúgər]	
□ ソース	**sauce** [sɔ:s]	

調理

○表現

◆ 材料を切ってください。

Please cut the ingredients.

○単語・熟語 □は↑の □ と入れかえて使えます。

□ 切る　　　　　　**cut** [kʌt]

□ 刻む　　　　　　**chop** [tʃɑ(ː)p]

□ (皮を)むく　　　**peel** [piːl] **/ pare** [pe(ə)r]

□ 焼く　　　　　　**bake** [beik] **/ grill** [gril] **/ roast** [roust]

* bake はオーブンで，grill は網で，roast はオーブンや直火で焼くことを表す。

□ 炒める，揚げる　**fry** [frai]　　□ 混ぜる　　**mix** [miks]

□ ゆでる　　　　　**boil** [bɔil]　　□ かき混ぜる　**stir** [stəːr]

□ 煮込む　　　　　**stew** [stuː]　　□ そそぐ　　　**pour** [pɔːr]

□ 蒸す　　　　　　**steam** [stiːm]

○その他の関連語

◇ レシピ　　**recipe** [résəpi]　◇ (料理の)材料　**ingredient** [ingríːdiənt]

◇ なべ　　　**pan** [pæn] **/ pot** [pɑ(ː)t]

◇ フライパン　**frying pan** [fráiiŋ pæn]

◇ おたま　　**ladle** [léidl]

◇ 包丁　　　**kitchen knife** [kítʃ(ə)n naif]

◇ まな板　　**cutting board** [kʌ́tiŋ bɔːrd]

コラム　目玉焼きのレシピ

① Pour some oil into the frying pan.（フライパンに油を注ぐ。）

② Break an egg into a bowl.（ボールにたまごを割る。）

③ Put the egg into the pan and fry it.（たまごをフライパンに入れて焼く。）

④ Take the egg out.（たまごを取り出す。）

食べ物

○表現 🎧114

◆ 私は**ピザ**が大好きです。

I like pizza very much.

🎧食べ物 □は↑の ▨▨▨ と入れかえて使えます。 🎧115

□ ご飯	**rice** [rais]
□ みそ汁	***miso* soup** [- su:p]
□ 漬物	**pickles** [píklz] ＊ふつう複数形で使う。
□ パン	**bread** [bred]
□ トースト	**toast** [toust]
□ サンドイッチ	**sandwiches** [sǽn(d)witʃiz]
□ ハンバーガー	**hamburgers** [hǽmbəːrgərz]
	＊「ハンバーグ」も hamburger と言う。
□ ホットドッグ	**hot dogs** [há(:)t dɔ(:)gz]
□ サラダ	**salad** [sǽləd]
□ シリアル	**cereal** [sí(ə)riəl]
□ カレーライス	**curry and rice** [kə́:ri ən ràis]
□ スパゲッティ	**spaghetti** [spəgéti]
□ フライドポテト	**French fries** [frèntʃ fráiz]
□ シチュー	**stew** [stu:]
□ スープ	**soup** [su:p]
□ ヨーグルト	**yogurt** [jóugərt]
□ チーズ	**cheese** [tʃi:z]
□ コロッケ	**croquettes** [kroukéts]
□ グラタン	**gratin** [grá:tən]
□ パイ	**pie** [pai]

□ ステーキ	**steak** [steik]	
□ ソーセージ	**sausages** [sɔ́(:)sidʒz]	
□ ベーコン	**bacon** [béik(ə)n]	
□ ラーメン	*ramen* [rɑ́:mən]	
□ チャーハン	**fried rice** [fráid ràis]	
□ 春巻	**spring〔egg〕rolls** [spríŋ ròulz] [ég ⌣]	

🎧**お菓子**　□は↑の　　　　　と入れかえて使えます。🎧116

□ ケーキ	**cake** [keik]
□ クレープ	**crepes** [kreips]
□ ワッフル	**waffles** [wɑ́(:)flz]
□ パンケーキ	**pancakes** [pǽnkeiks]
□ ドーナツ	**doughnuts** [dóunʌts]
□ シュークリーム	**cream puffs** [krì:m pʌ́fs]
□ チョコレート	**chocolate** [tʃɔ́:klət]
□ アイスクリーム	**ice cream** [áis kri:m]
□ プリン	**pudding** [púdiŋ]
□ クッキー	**cookies** [kúkiz]
□ ポップコーン	**popcorn** [pɑ́(:)pkɔːrn]
□ ガム	**gum** [gʌm]
□ あめ	**candy** [kǽndi]

＊英語では「チョコレート」や「キャラメル」なども指す。

□ ポテトチップス	（**potato**）**chips** [pətéitou tʃips]

≡**入試によくでる！**🎧117

◆ あなたはふだん朝食に何を食べますか。

　What do you usually have for breakfast?

　— パンと牛乳を食べます。

　— **I have bread and milk.**

飲み物

○表現 118

◆ カップ1杯のコーヒー
  a cup of coffee

◆ コップ1杯の牛乳
  a glass of milk

単語・熟語 □は↑の　　　と入れかえて使えます。 119

□ 水	**water** [wɔ́:tər]
□ ミネラルウォーター	**mineral water** [mín(ə)r(ə)l wɔ̀:tər]
□ 緑茶	**green tea** [grì:n tí:]
□ 麦茶	**barley tea** [bà:rli tí:]
□ ほうじ茶	**(Japanese) roasted tea** [dʒæpənì:z ròustid tí:]
□ ウーロン茶	**oolong tea** [ú:lɔ̀(:)ŋ ti:]
□ 抹茶	**powdered green tea** [páudərd grì:n tí:]
□ 紅茶	**tea** [ti:] ＊ black tea とも言う。
□ ミルクティー	**milk tea** [milk ti:] ＊ tea with milk とも言う。
□ レモンティー	**lemon tea** [lèmən tí:]
	＊ tea with a sliced lemon とも言う。
□ チャイ	**chai** [tʃai] **/ spiced tea** [spàist tí:]
□ 牛乳	**milk** [milk]
□ 豆乳	**soy milk** [sɔ́i mìlk]
□ ココア	**cocoa** [kóukou]
□ ホットチョコレート	**hot chocolate** [hà(:)t tʃɔ́:klət]
□ コーヒー	**coffee** [kɔ́(:)fi]
□ カプチーノ	**cappuccino** [kà:pətʃí:nou]

□ カフェラテ	**café latte** [kæféi là:tei]
□ カフェオレ	**café au lait** [kæfèi ou léi]
	＊ coffee with milk とも言う。
□ エスプレッソ	**espresso** [esprésou]
□ ジュース	**juice** [dʒu:s]
□ オレンジジュース	**orange juice** [ɔ(:)rindʒ dʒú:s]
□ リンゴジュース	**apple juice** [æpl dʒú:s] **/ cider** [sáidər]
	＊ sweet cider とも言う。cider には「リンゴ酒」の意味もあるが，日本語の「サイダー」の意味はない。
□ コーラ	**cola** [kóulə] **/ coke** [kouk]
□ ジンジャーエール	**ginger ale** [dʒìndʒər éil]
□ クリームソーダ	**ice-cream soda [float]** [àis kri:m sóudə] [ˌ flóut]
□ 炭酸飲料	**soda** [sóudə]
	＊炭酸水は soda water, 甘いものは soda pop とも言う。
□ レモネード	**lemonade** [lèmənéid]
□ スポーツドリンク	**sports drink** [spɔ́:rts driŋk]
	/ isotonic drink [àisətá(:)nik driŋk]
□ ビール	**beer** [biər]
□ ワイン	**wine** [wain]
□ シャンペン	**champagne** [ʃæmpéin]
□ 日本酒	*sake*

≡ **入試によくでる！** 🎧 120

◆ あなたはコーヒーと紅茶ではどちらが好きですか。

Which do you like better, coffee or tea?

― 紅茶が好きです。

― I like tea better.

69

味

◆ この料理はどうですか。— おいしいです。

How do you like this dish? — It's delicious.

□ 甘い	**sweet** [swi:t]
□ 酸っぱい	**sour** [sáuər]
□ 辛い	**hot** [hɑ(:)t]
□ 苦い	**bitter** [bítər]
□ 塩辛い	**salty** [sɔ́:lti]
□ スパイシーな	**spicy** [spáisi]
□ ジューシーな	**juicy** [dʒú:si] ＊肉汁などが多い様子に使う。
□ クリーミーな	**creamy** [krí:mi]
□ (肉などが) やわらかい	**tender** [téndər] ＊「(肉などが) かたい」は tough。
□ 歯ごたえがある	**crunchy** [krʌ́ntʃi]
□ 脂っこい	**greasy** [grí:si]
□ さっぱりした	**bland** [blænd]
□ こってりした	**rich** [ritʃ] ＊「栄養価が高い」という意味。
□ おいしい	**good** [gud] **/ delicious** [dilíʃəs] **/ yummy** [jʌ́mi]
□ まずい	**awful** [ɔ́:f(ə)l] **/ poor** [puər] **/ terrible** [térəbl]

入試によくでる！ 🎧123

◆ どんな味がしますか。— おいしいです。

How does it taste? — It tastes good.

色

○表現

◆ あなたは何色が好きですか。

What color do you like?

— 私は赤色が好きです。

— **I like red.**

○単語・熟語　□は↑の □ と入れかえて使えます。 125

□ 赤色	**red** [red]
□ だいだい色，オレンジ色	**orange** [ɔ́(:)rindʒ]
□ 黄色	**yellow** [jélou]
□ 黄緑色	**yellow green** [jélou grìːn]
□ 緑色	**green** [griːn]
□ 水色	**light blue** [làit blúː]
□ 青色	**blue** [bluː]
□ 紫色	**purple** [páːrpl]
□ 桃色，ピンク色	**pink** [piŋk]
□ 白色	**white** [(h)wait]
□ 黒色	**black** [blæk]
□ ベージュ色	**beige** [beiʒ]
□ アイボリー色	**ivory** [áiv(ə)ri] ＊もとは「象牙」の意味。
□ 灰色	**gray** [grei]
□ セピア色	**sepia** [síːpiə]
□ 茶色	**brown** [braun]
□ こげ茶色	**dark brown** [dàːrk bráun]

□ えんじ色	**burgundy** [bə́:rg(ə)ndi] / **dark red** [dὰ:rk réd]
□ 黄土色	**ocher** [óukər]
□ 藍色	**indigo blue** [ìndigou blú:]
□ すみれ色	**violet** [váiələt]
□ 金色	**gold** [gould]
□ 銀色	**silver** [sílvər]
□ 銅色	**bronze** [brɑ(:)nz]

◯その他の関連語 126

◇ 透明な	**transparent** [trænspǽr(ə)nt] / **clear** [kliər]
◇ カラフルな	**colorful** [kʌ́lərf(ə)l]
◇ 鮮やかな	**bright** [brait] / **vivid** [vívid]
◇ 明るい	**light** [lait]
◇ 暗い	**dusky** [dʌ́ski] / **somber** [sɑ́(:)mbər]
◇ 濃い	**dark** [dɑ:rk]
◇ 淡い	**faint** [feint]
◇ 派手な	**loud** [laud] / **gaudy** [gɔ́:di] ＊「派手すぎて趣味がよくない」というニュアンスを含む。
◇ 地味な	**sober** [sóubər] / **quiet** [kwáiət]
◇ ぴかぴかの	**shiny** [ʃáini]
◇ くすんだ	**dull** [dʌl] / **dirty** [də́:rti]
◇ 青白い	**pale** [peil] ＊色が「薄い」様子や，顔色が「青ざめた」様子などに使う。

コラム　黒い目

「黒い目」を英語で表現するときは，ふつう brown eyes や dark eyes と言います。black eyes と言うと，目の回りのアザという意味になってしまいます。

数① 「数」

○表現

◆ あなたは本を何冊持っていますか。— 10 冊です。

How many books do you have? — I have ten.

○0 ～ 20 の数 表の数字は↑の □ と入れかえて使えます。

1	**one** [wʌn]	11	**eleven** [ilév(ə)n]
2	**two** [tu:]	12	**twelve** [twelv]
3	**three** [θri:]	13	**thirteen** [θəːrtíːn]
4	**four** [fɔːr]	14	**fourteen** [fɔːrtíːn]
5	**five** [faiv]	15	**fifteen** [fìftíːn]
6	**six** [siks]	16	**sixteen** [sìkstíːn]
7	**seven** [sév(ə)n]	17	**seventeen** [sèv(ə)ntíːn]
8	**eight** [eit]	18	**eighteen** [èitíːn]
9	**nine** [nain]	19	**nineteen** [nàintíːn]
10	**ten** [ten]	20	**twenty** [twénti]

◇ **0** **zero** [zí(ə)rou]

○21 ～ 29 の数 表の数字は↑の □ と入れかえて使えます。

21	**twenty-one** [twènti wʌ́n]	26	**twenty-six** [twènti síks]
22	**twenty-two** [twènti túː]	27	**twenty-seven** [twènti sév(ə)n]
23	**twenty-three** [twènti θríː]	28	**twenty-eight** [twènti éit]
24	**twenty-four** [twènti fɔ́ːr]	29	**twenty-nine** [twènti náin]
25	**twenty-five** [twènti fáiv]		

＊ 2 つの数字はハイフン〈-〉でつなぐ。

30	**thirty** [θə́ːrti]	80	**eighty** [éiti]
40	**forty** [fɔ́ːrti]	90	**ninety** [náinti]
50	**fifty** [fífti]	100	**one hundred** [wʌn hʌ́ndrəd]
60	**sixty** [síksti]	1,000	**one thousand** [wʌn θáuz(ə)nd]
70	**seventy** [sév(ə)nti]	10,000	**ten thousand** [ten θáuz(ə)nd]

☐ 10 万   **one hundred thousand** [wʌn hʌ́ndrəd θáuz(ə)nd]

☐ 100 万   **one million** [wʌn míljən]

☐ 1000 万   **ten million** [ten míljən]

☐ 1 億   **one hundred million** [wʌn hʌ́ndrəd míljən]

☐ 10 億   **one billion** [wʌn bíljən]

☐ 100 億   **ten billion** [ten bíljən]

☐ 1 兆   **one trillion** [wʌn tríljən]

    ＊英語では3桁ごとに，次のように単位が変わる。

    1,000(thousand) → 1,000,000(million) → 1,000,000,000(billion)…

○その他の関連語 ♩131

◇ 偶数   **even number** [íːv(ə)n nʌ́mbər]

◇ 奇数   **odd number** [ɑ́(ː)d nʌ́mbər]

◇ 分数   **fraction** [frǽkʃ(ə)n]

◇ 小数   **decimal** [dés(ə)m(ə)l] ＊ decimal fraction とも言う。

◇ (暦の)年   **year** [jiər]

◇ 日付   **date** [deit]

◇ 時刻   **time** [taim] ＊「回数」の意味もある。

◇ 電話番号   **phone number** [fóun nʌ́mbər]

◇ 郵便番号   **postal [zip] code** [póust(ə)l koud] [zíp -]

○ いろいろな数字の表し方 132

◆ 3桁以上の数字 ＊4桁以降は，3桁ずつに区切り，そのあとに単位を付けて読む。

3桁：**135**　　　　　**one hundred（and）thirty-five**

4桁：**2,594**　　　　**two <u>thousand</u>, five hundred（and）**
　　　　　　　　　　ninety-four

5桁：**16,210**　　　**sixteen <u>thousand</u>, two hundred（and）ten**

6桁：**433,171**　　**four hundred（and）thirty-three <u>thousand</u>,**
　　　　　　　　　　one hundred（and）seventy-one

7桁：**8,629,615**　**eight <u>million</u>, six hundred（and）twenty-nine**
　　　　　　　　　　<u>thousand</u>, six hundred（and）fifteen

◆ 小数の読み方 ＊小数点以下は1桁ずつ読む。

3.14　　**three point one four**

0.58　　**（zero）point five eight**

12.09　**twelve point zero nine**

◆ 年号の読み方 ＊100の位と10の位の間で区切って読む。

1987　**nineteen eighty-seven**

794　　**seven ninety-four**

1600　**sixteen hundred** ＊2000はtwo thousand。

2013　**two thousand（and）thirteen**

◆ 電話番号の読み方

5193-8702　five-one-nine-three, eight-seven-zero-two

＊1つずつ区切って読む。0は[zí(ə)rou]とも[ou]とも言う。

数② 「序数」

○表現　🎧133

◆ 今日は何月何日ですか。— 7月10日です。

What's the date today? — It's July 10. ＊10は tenth と読む。

○序数　表の数字は↑の □□□□□ と入れかえて使えます。🎧134

1	**first** [fə:rst]	11	**eleventh** [ilév(ə)nθ]
2	**second** [sék(ə)nd]	12	**twelfth** [twelfθ]
3	**third** [θə:rd]	13	**thirteenth** [θə:rtí:nθ]
4	**fourth** [fɔ:rθ]	14	**fourteenth** [fɔ:rtí:nθ]
5	**fifth** [fifθ]	15	**fifteenth** [fiftí:nθ]
6	**sixth** [siksθ]	20	**twentieth** [twéntiəθ]
7	**seventh** [sév(ə)nθ]	21	**twenty-first** [twènti fə́:rst]
8	**eighth** [eitθ]	25	**twenty-fifth** [twènti fífθ]
9	**ninth** [nainθ]	30	**thirtieth** [θə́:rtiəθ]
10	**tenth** [tenθ]	31	**thirty-first** [θə̀:rti fə́:rst]

＊「32」以降も thirty-second のように〈数＋序数〉で表す。

コラム　分数の読み方

分数は，英語では「分子→分母」の順に読みます。分母は序数で読むのが基本
です。分子が2以上の場合，分母の序数には複数形の -s がつきます。

▶ 1/2（2分の1）　　a half [hæf] または one half
▶ 1/3（3分の1）　　a third または one third
▶ 1/4（4分の1）　　a quarter [kwɔ́:rtər] または one fourth
▶ 3/4（4分の3）　　three quarters または three fourths

1日の生活① 「1日の行動」

○表現

◆ あなたはふつう, いつ起きますか。

When do you usually get up?

○単語・熟語 □は⬆の　　　　と入れかえて使えます。

朝

□ 起きる	wake up / get up
	*wake up は「目を覚ます」, get up は「体を起こす」という意味。
□ カーテンを開ける	open the curtains
□ 顔を洗う	wash your face
□ 髪をとかす	comb your hair
□ 歯をみがく	brush your teeth
□ ひげをそる	shave
□ パジャマを脱ぐ	take off your pajamas
□ 洋服に着がえる	get dressed
□ 朝食を作る	make[cook] breakfast
□ 朝食を食べる	eat[have] breakfast
□ 化粧をする	do your makeup
	put on makeup
□ 家を出る	leave home
□ 電車に乗る	take the train
□ バスに乗る	take the bus

昼

☐	洗濯をする	**wash your clothes**
☐	花に水をやる	**water your flowers**
☐	家を掃除する	**clean the house**
☐	昼食を作る	**make[cook] lunch**
☐	昼食を食べる	**eat[have] lunch**
☐	運動をする	**do some exercise**
☐	友達に会う	**see[meet] your friend(s)**
☐	買い物をする	**do some shopping**
☐	イヌを散歩させる	**walk the dog**

夜

☐	帰宅する	**come[get] home**
☐	戸締りをする	**lock the door**
☐	夕食を作る	**make[cook] dinner**
☐	夕食を食べる	**eat[have] dinner**
☐	食器を洗う	**wash[do] the dishes**
☐	風呂掃除をする	**clean the bathtub**
☐	風呂に入る	**take a bath**
☐	シャワーを浴びる	**take a shower**
☐	テレビを見る	**watch TV**
☐	宿題をする	**do your homework**
☐	電気を消す	**turn off the light(s)**
☐	寝る	**go to bed**

1日の生活② 「さまざまな行動」

○学校生活

◆ 学校へ行く	go to school
◆ 朝礼に出る	attend morning assembly
◆ 学校で勉強する	study at school
◆ 授業を受ける	take classes
◆ テストを受ける	take an exam
◆ 給食を食べる	have[eat] school lunch
◆ クラスメートと話す	talk with one's classmate(s)
◆ 教室を掃除する	clean the classroom
◆ 部活動に参加する	do club activities
◆ 宿題をする	do one's homework

○日常生活

◆ 読書をする	read books
◆ 漫画を読む	read comics
◆ 音楽を聞く	listen to music
◆ ラジオを聞く	listen to the radio
◆ ピアノを練習する	practice the piano

＊ practice the violin「バイオリンを練習する」のように楽器をかえても使える。

◆ メールをする	(send an) e-mail
◆ ネットサーフィンをする	surf the Internet
◆ ホームページを見る	visit websites

＊「ホームページ」は英語で website と言う。英語の homepage は website のトップページのことを指す。

◆ テレビゲームをする	play video games
◆ お茶[コーヒー]を飲む	drink tea[coffee]
◆ 電話で話す	talk on the phone

友達とおしゃべりをする	talk [chat] with one's friend(s)
ペットの世話をする	take care of one's pet(s)
ランニングに行く	go running
	go for a run
ジョギングに行く	go jogging
	go for a jog
買い物に行く	go shopping
映画に行く	go to the movies
釣りに行く	go fishing
泳ぎに行く	go swimming

○ 職場での行動 139

仕事に行く	go to work
メールを確認する	check one's e-mail
書類を準備する	prepare the papers [documents]
会議をする	have a meeting
同僚と話す	talk with one's co-worker(s)

入試によくでる！ 140

◆ あなたは暇な時間に何をしますか。

What do you do when you have free time?

— たいてい読書をします。

— I usually read books.

◆ 私は明日，数学のテストを受けなければなりません。

I have to take a math exam tomorrow.

— うまくいくといいね。

— Good luck.

人生のできごと

○ 誕生〜学生時代 141

◆ 生まれる	be born
◆ 歳をとる	get older / grow up
◆ 就学する	start school
◆ 入学する	enter (a) school
◆ 進級する	move up
◆ …を卒業する	graduate from ...
◆ 受験する	take an entrance exam
◆ 大学へ行く	go to college [university]

○ 成人〜社会人 142

◆ 自立する	become independent
◆ 運転免許を取る	get a driver's license
◆ 就職する	get a job
◆ 転職する	change jobs
◆ 結婚する	get married
◆ 離婚する	get divorced
◆ …に引っ越す	move to ...
◆ 家を買う	buy a house
◆ 出産する	have a baby / give birth

○ 退職〜老後 143

◆ 退職する	retire
◆ 入院する	enter (the) hospital
◆ 孫が生まれる	become a grandparent
◆ 余生を楽しむ	enjoy the rest of one's life
◆ 亡くなる	die / pass away

◆ 誕生　　　　　　　　**birth** [bə:rθ]

◆ 赤ん坊　　　　　　　**baby** [béibi]

◆ 乳児, 幼児　　　　　**infant** [ínf(ə)nt]

◆ 子ども　　　　　　　**child** [tʃaild]

◆ 児童　　　　　　　　**pupil** [pjú:p(ə)l] ＊学校の「児童」の意味。

◆ 学生　　　　　　　　**student** [stú:d(ə)nt]

◆ ティーンエイジャー　**teenager** [tí:neidʒər] ＊13歳～19歳を指す。

◆ 若者　　　　　　　　**young person** [jʌŋ pé:rs(ə)n]

◆ 成人・大人　　　　　**adult** [ədʌ́lt]

◆ お年寄り　　　　　　**old person** [ould pé:rs(ə)n]

◆ 青春期　　　　　　　**youth** [ju:θ]

　　　　　　　　　　　adolescence [æ̀dəlés(ə)ns]

◆ 思春期　　　　　　　**puberty** [pjú:bərti]

◆ 成人期　　　　　　　**adulthood** [ədʌ́lthud]

◆ 20代で　　　　　　　**in one's twenties**

　　　　　　　　　　　＊20代なら twenties, 30代なら thirties, 40代なら
　　　　　　　　　　　　forties…というように表す。

◆ 入学式　　　　　　　**entrance ceremony** [éntr(ə)ns sèrəmouni]

◆ 成人式　　　　　　　**coming-of-age ceremony**

　　　　　　　　　　　[kʌ́miŋ əv èidʒ sèrəmouni]

◆ 就職活動　　　　　　**job hunting** [dʒá(:)b hʌ̀ntiŋ]

◆ 結婚　　　　　　　　**marriage** [mǽridʒ]

◆ 結婚式　　　　　　　**wedding（ceremony）** [wédiŋ sèrəmouni]

◆ 昇進　　　　　　　　**promotion** [prəmóuʃ(ə)n]

◆ 介護　　　　　　　　**care** [keər]

◆ 老後　　　　　　　　**old age** [òuld éidʒ]

◆ 過去　　　　　　　　**past** [pæst]

◆ 現在　　　　　　　　**present** [préz(ə)nt]

◆ 未来　　　　　　　　**future** [fjú:tʃər]

あいさつ

○ 初対面・再会のあいさつ

Ⓐ はじめまして。 Nice to meet you. How do you do?	Ⓑ （こちらこそ）はじめまして。 Nice to meet you, too. How do you do? ＊How do you do? には How do you do? で返す。
	Ⓑ お会いできてうれしいです。 I'm glad to see you. Pleased to meet you.
Ⓐ 調子はどうですか。 How are you (doing)? How's it going? How's everything going (with you)?	Ⓑ すごくいいです。 Very good.
	Ⓑ かなりいいです。 Pretty good.
	Ⓑ まあまあです。 So-so.
	Ⓑ そんなに悪くないです。 Not so bad.
	Ⓑ あまりよくないです。 Not so good.
	Ⓑ ひどいです。 Terrible.

◆ お久しぶりです。　　Long time no see.
◆ お元気でしたか。　　How have you been?

◆ おはよう。　Good morning.
◆ よい一日を。　Have a nice [good] day.
◆ よい旅行を。　Have a nice trip.
◆ よい週末を。　Have a nice weekend.
◆ よい休暇を。　Have a nice holiday [vacation].

◯昼・調子をたずねるあいさつ

Ⓐ こんにちは。 Hello. Good afternoon. Ⓐ やあ。 Hello. Hi (, there).	
Ⓐ お元気ですか。 How are you (doing)?	Ⓑ 元気です。 Great. I'm fine [good / great].
	Ⓑ あなたはどうですか。 How about you? And you?
Ⓐ 気分はどうですか。 How are you feeling?	Ⓑ 気分はよいです。 I feel good [fine / great]. Ⓑ そんなに悪くないです。 Not so bad. Ⓑ 気分が悪いです。 I'm sick. I feel terrible [awful]. Ⓑ よくなりつつあります。 I'm getting better.

○ 夜のあいさつ

〈家でのあいさつ〉

◆ ただいま。　　　　　　　　　　I'm home.
◆ おやすみなさい。　　　　　　　Good night.
　　　　　　　　　　　　　　　　Have a good night.

〈外でのあいさつ〉

◆ こんばんは。　　　　　　　　　Good evening.
◆ さようなら。/ じゃあね。　　　Goodbye.
　　　　　　　　　　　　　　　　Bye for now.
　　　　　　　　　　　　　　　　Bye.
　　　　　　　　　　　　　　　　So long.
◆ またね。　　　　　　　　　　　See you.
　　　　　　　　　　　　　　　　See you soon.
　　　　　　　　　　　　　　　　See you later.
　　　　　　　　　　　　　　　　See you again.
　　　　　　　　　　　　　　　　See you around.
◆ また明日。　　　　　　　　　　See you tomorrow.
◆ 元気でね。　　　　　　　　　　Take care.
◆ もう行かないといけません。　　I must be going.
◆ 帰らなければいけません。　　　I have to say goodbye now.
◆ 会えてよかったです。　　　　　Good to see you.
◆ お話できて楽しかったです。　　Nice talking to you.
◆ …によろしく。　　　　　　　　Say hello to ....

コラム　会話をつなげる表現

上手に相づちを打ったり，自分の感情を相手に伝えたりすることで，会話がスムーズになります。

▶ええと。　　　▶わあ！　　　▶すごい！　　　▶いいね。
　Well.　　　　　Wow!　　　　　Great!　　　　　That's good.
▶本当に？　　　▶ふーん。　　　▶ほら。　　　　▶なるほど。
　Really?　　　　Hmmm.　　　　You know.　　　I see.

紹介・スピーチ

○ 自己紹介をする 149

〈名前・呼び名について話す〉

◆ 私は…です。   I'm ....

◆ 私の名前は…です。   My name is .... * name「名前」

◆ …と呼んでください。 Please call me ....

〈出身・住んでいるところについて話す〉

◆ 私は…出身です。   I'm from ....
             I come from ....

◆ 私は…に住んでいます。 I live in ....

◆ 私の住所は…です。   My address is .... * address「住所」

〈年齢・誕生日について話す〉

◆ 私は…歳です。   I'm ...（years old）.

◆ 私の誕生日は…です。 My birthday is .... * birthday「誕生日」

〈趣味・得意なものについて話す〉 趣味 ▶ p.40-41

◆ 私は…が好きです。   I like ....

◆ 私の大好きな〜は…です。 My favorite 〜 is ....

◆ 私の趣味は…です。   My hobby is .... * hobby「趣味」

◆ 私は…が得意です。   I'm good at ....

〈所属について話す〉 部活動 ▶ p.32-33

◆ 私は中学2年生です。

I'm in the second year of junior high school.

＊「1年生」は first year, 「3年生」は third year。

◆ 私は…部の一員です。

I'm a member of the ... club[team].

◆ 私は…部に入っています。

I'm in the ... club.

I'm on the ... team.

＊ in ... club で文化部，on ... team で運動部に所属していることを表す。

○ 友人・家族を紹介する

◆ こちらは私の…です。　　　　　　　This is my ....

◆ 彼［彼女］は…が好きです。　　　　He[She] likes ....

◆ 彼［彼女］は…出身です。　　　　　He[She] is from ....

　　　　　　　　　　　　　　　　　He[She] comes from ....

◆ 彼［彼女］は…に住んでいます。　　He[She] lives in ....

◆ 彼［彼女］は私の親友です。

He[She] is my good[best] friend. ＊ good[best] friend「親友」

◆ 私たちは…年の付き合いです。

We have known each other for ... year(s). ＊ each other「お互い」

We have been friends for ... year(s).

○ スピーチをする

◆ 私は…になりたいです。

I want to be[become] a[an] ....

◆ 私の夢は…です。　　　　　　　　My dream is .... ＊ dream「夢」

◆ 私は…したいです。　　　　　　　I want to *do* ....

◆ 私は…が好きです。　　　　　　　I like ....

◆ 私は将来…しようと思っています。 I will *do* ... in the future.

電話

○表現

Ⓐ もしもし。 Hello.	Ⓑ もしもし。 Hello.
Ⓐ こちらは…です。 This is .... This is ... calling.	Ⓑ どちらさまですか。 Who's calling, please?
Ⓐ …さんをお願いします。 May[Can] I speak to ... (, please)? Ⓐ …さんですか。 Is this ...? Ⓐ …さんはいますか。 Is ... in? Is ... there?	Ⓑ 私です。 Speaking. This is he[she]. It's me. Ⓑ すみませんが，彼[彼女]は今いません。 I'm sorry, but he[she] is out now. I'm sorry, but he[she] is not here now. Ⓑ お待ちください。 Hold on, please. Hold the line, please. Just a minute[moment] (, please). Ⓑ 番号をお間違えのようです。 You have the wrong number. You've got the wrong number. Ⓑ まだ帰っていません。 He[She] hasn't come home yet.

Ⓐ はい，お願いします。 Yes, please. Ⓐ いいえ，けっこうです。 No, it's OK. Ⓐ あとでまたかけ直します。 I'll call back[again] later.	Ⓑ 伝言を預かりましょうか。 May[Can] I take a message? Would you like to leave a message? Ⓑ 彼[彼女]に折り返し電話させ ましょうか。 Do you want him[her] to call you back?
Ⓐ 伝言をお願いできますか。 May[Can] I leave (him [her]) a message? Ⓐ 彼[彼女]に…するように伝 えていただけますか。 Could you tell him[her] to *do* ...?	Ⓑ いいですよ。 Sure. OK.
Ⓐ じゃあね。／さようなら。 Bye. Goodbye.	Ⓑ お電話ありがとう。 Thank you for calling[your call].

◆ あなたに電話ですよ。　　　There's a phone call for you.

◆ 彼[彼女]にかわります。　　I'll put him[her] on.

◆ もう少しゆっくり話していただけますか。
　Would[Could] you speak more slowly?

◆ もう一度おっしゃっていただけますか。
　Would[Could] you say that again?

◆ 何番におかけですか。　　　What number are you calling?
　　　　　　　　　　　　　What number did you dial?

◆ 電話番号を教えてください。
　May[Can] I have your phone number?

◆ 私の電話番号は…です。　　My phone number is ....

◆ 伝言を預かっています。　　You have a message.

◆ 話し中です。　　　　　　　The line is busy.

89

メール

○文面

To：Sam@ ××××.com	宛先：(送り先のメールアドレス)
Subject：Hello.	件名：こんにちは。
Hi, Sam.	やあ，サム。
How are you doing?	調子はどうだい？
Are you free next Sunday?	次の日曜日は暇？
I'm going to see a movie.	映画を見に行くつもりなんだけど。
Do you want to come with me?	
	一緒に来ない？
If so, please let me know.	もしそうなら，知らせてください。
Bye for now,	じゃあね。
Mike	マイク

To：Mike@ ××××.com	宛先：(送り先のメールアドレス)
Subject：Re: Hello.	件名：Re: こんにちは。
Hi, Mike. Thank you for your e-mail.	
	やあ，マイク。メールありがとう。
I want to go to see a movie with you.	きみと映画を見に行きたいな。
But I can't go next Sunday because I have soccer practice.	
	でも，次の日曜日はサッカーの練習があって，行けないんだ。
How about next Saturday?	次の土曜日はどう？
See you soon,	またね。
Sam	サム

○ 書き出しのあいさつ (153)

◆ 調子はどうですか。　　　　　How's everything?
　　　　　　　　　　　　　　　How are you doing?
　　　　　　　　　　　　　　　How have you been?
　　　　　　　　　　　　　　　How's it going?
◆ メールをありがとう。　　　　Thank you for your e-mail.
◆ ちょっとメールしてみました。I just wanted to say hello [hi].

○ 結びのあいさつ (154)

◆ じゃあね。　　　　　　　　　Bye for now.
◆ またね。　　　　　　　　　　See you (soon).
　　　　　　　　　　　　　　　Talk to you later.
◆ お元気で。　　　　　　　　　Take care.
◆ メール待っています。　　　　I hope to hear from you (soon).
◆ メールを楽しみにしています。I'm looking forward to your e-mail.

コラム　顔文字

英語で「顔文字」は smiley や emoticon と言います。横向きにして見ると形がわかります。

意味	日本語	英語	意味	日本語	英語
笑う	(^_^)	:-)	驚く	(゜ロ゜)	:-O
怒る	(｀Д´)	>:-(	ベー	(・ー・)	:P
悲しむ	(>_<)	:-(	キス	(^ з ^)	:-*)
泣く	(；_；)	:'-(	ウインク	(^_-)	;-)

コラム　メールでよく使われる英語の略語

▶ ASAP　「できるだけ早く」(= as soon as possible)
▶ CUL　「またね」(= See you later.)　　▶ thx　「ありがとう」(= thanks)
▶ BTW　「ところで」(= by the way)　　▶ pls　「お願いします」(= please)
▶ IC　「わかった」(= I see.)　　　　　▶ B4　「前に」(= before)
▶ U　「あなた」(= you)　　　　　　　▶ PS　「追伸」(= postscript)

手紙・封筒・はがき

○ 封筒・手紙

Yamada Mai　　　ヤマダ マイ
1-2-3 Teramachi　寺町 1-2-3
Shinjuku-ku, Tokyo　東京都新宿区
160-0001 JAPAN　160-0001　日本

Mr. Jim Brown　ジム・ブラウン様
34 Baker Street　ベイカー通り 34
San Diego, California 92101
USA　　　　カリフォルニア州 サンディエゴ
AIR MAIL　　アメリカ合衆国　92101

June 28, 2013
(2013 年 6 月 28 日)

Dear Jim,

Hello.　How have you been?　It's been a long time since I saw you last.　I will go to California this summer.　I'm going to join a homestay program from August 4 to 18.　I hope we will have a chance to meet.

(親愛なるジム,
こんにちは。お元気でしたか。あなたに最後に会ってから，しばらく経ってしまいましたね。私はこの夏，カリフォルニアへ行きます。8 月 4 日から 18 日まで，ホームステイプログラムに参加する予定です。あなたに会えればいいなと思っています。)

Let's keep in touch.
I'm looking forward to hearing from you.

(これからも連絡を取り合いましょう。
お返事を楽しみにしています。)　　　　　Your friend,
　　　　　　　　　　　　　　　　　　Mai

(あなたの友人,
マイ)

◯ 書き出しのことば

◆ 親愛なる…	Dear ...,
◆ お久しぶりです。	It has been a long time.
	I haven't written to you for a long time.
◆ お元気ですか。	How are you (doing)?
	How's it going?
	How's everything going (with you)?
	How are things with you?
◆ お元気でしたか。	How have you been?
◆ お手紙をありがとう。	Thank you for your letter.

◯ 締めくくりのことば 156

◆ すぐにでもお会いしたいです。	I hope to see you soon.
◆ ご自愛ください。	Please take good care of yourself.
◆ よろしくお願いします。	Thank you in advance.

＊何かを依頼するときの表現。

◯ 結びのことば 157

◆ 敬具	Sincerely (yours), / Yours sincerely, / Regards, / With best [kind] regards, / Yours, / Yours truly,
◆ 愛をこめて，	With love, / Lots of love, / Love,
◆ あなたの友人，	Your friend,
◆ ご多幸をお祈りします，	Best wishes,
◆ 追伸	P.S. / p.s. ＊ postscript の略。

> **コラム　英語の住所の書き方**
>
> 英語では，名前のあとに住所を書きます。住所は近い場所から書き始めます。
>
> | | | |
> |---|---|---|
> | Yamada Mai | → | 名前 |
> | 1-2-3 Teramachi | → | アパート名，番地・通り，町名 |
> | Shinjuku-ku, Tokyo | → | 都市名，都道府県名・州名 |
> | 160-0001 JAPAN | → | 郵便番号，国名 |

お祝い・グリーティングカード

誕生日カード

Dear Meg, 親愛なるメグ,

Happy Birthday!

誕生日おめでとう！

愛をこめて，**Love,**
サユリ **Sayuri**

お礼のカード

Dear Jun, 親愛なるジュン,

Thank you! ありがとう！

I was very happy to receive the flowers.
お花をいただいて，とてもうれしかったです。

あなたの友人，**Your friend,**
トモヤ **Tomoya**

クリスマスカード

Dear Sakura, 親愛なるサクラ,

Merry Christmas!

メリークリスマス！

I hope you have a wonderful vacation.
すばらしい休暇を。

あなたの友人，**Your friend,**
マユミ **Mayumi**

○ お祝いのことば 158

◆ おめでとう！	Congratulations! ＊合格祝いなどに使う。
◆ お誕生日おめでとう！	Happy birthday to you!
◆ 幸せが巡ってきますように！	(I hope) Many happy returns!
◆ 卒業おめでとう！	Congratulations on your graduation!
◆ ハロウィーンおめでとう！	Happy Halloween!
◆ メリークリスマス！	Merry Christmas!
◆ あけましておめでとう！	Happy New Year!
◆ バレンタインおめでとう！	Happy Valentine's Day!

○ お礼のことば 159

◆ プレゼントありがとう。	Thank you for your present.
◆ お手伝いありがとう。	Thank you for your help.
◆ お招きありがとうございます。	Thank you for inviting me.
◆ とても気に入りました。	I really like it. I love it.

○ 添えることば 160

◆ よいお年を。	Best wishes for the New Year.
◆ 楽しい休暇を！	Happy holidays!
◆ よくやったね。	Good job. Well done. You have done well.
◆ 早くよくなってね。	Get well soon. I hope you get well soon. I hope you feel better soon.

コラム 欧米のバレンタイン

「バレンタインデー」は英語で St. Valentine's Day と言い，恋人たちの守護聖人として信仰されてきた聖バレンティヌスにちなんで，恋人や親しい人同士でカードや贈り物を交換する日です。カードには From Your Valentine. や Be My Valentine. などのことばを書くこともあります。

許可を求める・申し出る・依頼する

○許可を求める

Ⓐ …してもよいですか。 May[Can] I *do* ...? Might[Could] I *do* ...? ＊May[Can] I *do* ...? より丁寧な表現。	Ⓑ もちろんです。 Sure. Of course. Why not? Ⓑ どうぞ。 Go ahead. / Certainly. Ⓑ すみませんが，だめです。 I'm sorry, but you can't. Ⓑ 残念ながら，できません。 I'm afraid you can't. Ⓑ 絶対だめです。 No way.
Ⓐ …してもよいですか。 Do[Would] you mind if I ...? ＊mind「気にする」	Ⓑ いいですよ。 No, not at all. Of course not. Certainly not. ＊mind に対する答えなので，not を使って「気にしません」と答える。 Ⓑ できればしないでほしいです。 I'd rather you didn't. ＊rather「どちらかと言えば」

○申し出る

Ⓐ …しましょうか。 Shall I *do* ...?	Ⓑ はい，お願いします。 Yes, please. Ⓑ いいえ，けっこうです。 No, thank you.

Ⓐ …してくれませんか。 Will[Can] you *do* ...? Would[Could] you *do* ...? ＊Will[Can] you *do* ...? より丁寧な表現。	Ⓑ わかりました。／いいですよ。 Sure. (That's) OK. All right. No problem. Ⓑ もちろんです。 Sure. Of course. Why not? Ⓑ はい，もちろんです。 Yes, of course. Ⓑ 喜んで。 My pleasure. Ⓑ すみませんが，できません。 I'm sorry, but I can't.
Ⓐ …してくれませんか。 Do[Would] you mind *doing* ...?	Ⓑ いいですよ。 No, not at all. Of course not. Certainly not.
Ⓐ お願いがあるのですが。 May I ask you a favor? May I ask a favor of you? Will[Would] you do me a favor? ＊favor「好意，親切」	Ⓑ 何ですか。 What is it? Ⓑ どうしたのですか。 What's up? What's the matter? Ⓑ わかりました。／いいですよ。 Sure. (That's) OK. All right. No problem. Ⓑ はい，もちろんです。 Yes, of course.

誘う・招待する

◆ 私と一緒に来ませんか。　　Would you like to come with me?
◆ （一緒に）…しませんか。　　Why don't we ...?
◆ …しませんか。　　　　　　Why don't you ...?
　　　　　　　　　　　　　　Why not ...?
　　　　　　　　　　　　　　Won't you ...?
　　　　　　　　　　　　　　How about if ...?
◆ 来てみてください。　　　　Come and join us.
◆ おいでよ！　　　　　　　　Join us!
◆ 参加しませんか。　　　　　Why don't you join us?
◆ あなたを（…に）ご招待したいのですが。
　　I'd like to invite you (to [for] ...). ＊invite ～ to [for] ...「～を…に招待する」
　　I'd like you to be our guest. ＊guest「客」

◆ わかりました。／いいですよ。　Sure.
　　　　　　　　　　　　　　　　(That's) OK.
　　　　　　　　　　　　　　　　All right.
　　　　　　　　　　　　　　　　No problem.
◆ もちろんです。　　　　　　　　Sure.
　　　　　　　　　　　　　　　　Of course.
　　　　　　　　　　　　　　　　Why not?
◆ 喜んで。　　　　　　　　　　　With pleasure.
◆ ぜひそうしたいです。　　　　　I'd like [love] to.

○ 誘いを断る (166)

◆ 次の機会に。　　　　　　　Another [Next] time.
◆ そうしたいのですが, …。　　I'd like to, but ....
　　　　　　　　　　　　　　　I wish I could, but ....
◆ すみませんが, できません。　I'm sorry [afraid], but I can't.
◆ ごめんなさい, 私は…しなければなりません。
　　I'm sorry, I have to .... * have to *do* ... 「…しなければならない」
◆ そういう気分ではありません。　I don't feel like it.

○ 誘いを受けたときのことば (167)

◆ お誘いありがとうございます。　Thank you for inviting me.
◆ いいですね。／よさそうですね。
　　(That) Sounds good [nice / great].
◆ 楽しそう [おもしろそう] ですね。
　　(That) Sounds fun [interesting].

○ Let's を使った表現 (168)

Ⓐ …しましょう。 Let's	Ⓑ はい, しましょう。 Yes, let's.
Ⓐ (一緒に)…に行きましょう。 Let's go to ... (together).	Ⓑ いいえ, やめておきましょう。 No, let's not.
Ⓐ (一緒に)…をしましょう。 Let's play ... (together).	

コラム 「R.S.V.P.」の意味

英語の invitation「招待状」に R.S.V.P. と書かれることがありますが, これは「お返事ください, お返事お願いします」という意味です。フランス語の répondez s'il vous plaît からきた, 出欠の連絡を促す意味の略語です。

休日の予定・約束

○ 予定をたずねる

Ⓐ 明日は暇ですか。 Are you free <u>tomorrow</u>?	Ⓑ はい。明日は暇です。 Yes. I'll be free <u>tomorrow</u>. Ⓑ いいえ。予定があります。 No. I have plans. Ⓑ どうしたのですか。 What's up?
Ⓐ あなたはこの夏，何をする予定ですか。 What are you going to do <u>this summer</u>?	Ⓑ …する予定です。 I'm going[planning] to *do* .... I will *do* .... Ⓑ …したいと思っています。 I want to *do* ....
Ⓐ 何か予定がありますか。 Do you have any plans?	Ⓑ 残念ながら，ありません。 I'm afraid I don't.

○ 約束する

Ⓐ 水曜日はどうですか。 How about Wednesday? What about Wednesday?	Ⓑ 問題ないです。 No problem. Ⓑ 水曜日は大丈夫です。 <u>Wednesday</u> is fine with me. Ⓑ すみません，都合が悪いです。 Sorry, I'm not available.

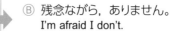

Ⓐ どこで会いましょうか。 Where should we meet? Where will we meet?	Ⓑ 校門のところで会いましょう。 Let's meet at the school gate.

Ⓐ いつ行きますか。 When are we going to go? When will we go?	Ⓑ 次の土曜日に行きましょう。 Let's go next Saturday.

◯ その他の表現 171

◆ 遅れないでね。　　　　　　　　Don't be late.
◆ …することを約束します。　　　I promise to *do* ....
◆ …することを忘れないで。　　　Don't forget to *do* ....
◆ 約束できません。　　　　　　　I can't promise.
◆ メールアドレスを教えてください。
　Please give me your e-mail address.
　Could you give me your e-mail address?

◯ その他の関連語 172

◆ 予定　　　　　　plan [plæn] / schedule [skédʒuːl]
◆ 約束　　　　　　promise [prá(ː)məs] / appointment [əpɔ́intmənt]
　　　　　　　　　　＊ appointment には「面会の約束」「予約」の意味がある。

◆ メールアドレス　e-mail address [íːmeil ədrès]
　　　　　　　　　　＊ address「宛先，住所」

◆ 約束をする　　　make a promise
◆ 約束を守る　　　keep one's promise
◆ 約束を破る　　　break one's promise

○表現　

Ⓐ いくつか質問してもよいですか。 May［Can］I ask you some questions?	Ⓑ もちろんです。 Sure. / (That's) OK. All right. / No problem. Ⓑ どうぞ。 Go ahead. / Please do. Go on.
Ⓐ お名前は何ですか。 May I ask［have］your name? What's your name, please?	Ⓑ 私は…です。 I'm .... Ⓑ 私の名前は…です。 My name is ....
Ⓐ 出身はどちらですか。 Where are you from? Where do you come from?	Ⓑ …出身です。 I'm from .... I come from ....
Ⓐ 趣味は何ですか。 What is your hobby?	Ⓑ …することが好きです。 I like *do*ing［to *do*］....
Ⓐ あなたのお気に入りの…は何ですか。 What's your favorite ...?	Ⓑ それは…です。 It's .... Ⓑ …です。 ... is. Ⓑ 私は…が好きです。 I like ....
Ⓐ 夢は何ですか。 What is your dream? Ⓐ 将来何になりたいですか。 What do you want to be in the future?	Ⓑ 私の夢は…(する)ことです。 My dream is to *do* .... Ⓑ 私は…になりたいです。 I want to be［become］....

○ インタビューのその他の表現

◆ 好きなスポーツは何ですか。　　What's your favorite sport?

◆ 好きな食べ物は何ですか。　　What's your favorite food?

◆ どんな種類の音楽が好きですか。
What kind of music do you like?

◆ 何人家族ですか。
How many people are there in your family?

◆ …を訪れたことはありますか。　Have you ever visited ...?

◆ …を食べたことはありますか。　Have you ever eaten ...?

◆ …は得意ですか。　　　　　　Are you good at ...?

◆ 宝物は何ですか。　　　　　　What is your treasure?

◆ …についてどう思いますか。　What do you think about[of] ...?

◆ あなたにとって何が大切ですか。What is important to you?

◆ もう少し話してください。　　Please tell us more.

○ 驚きやあいづち，話をきりかえる

◆ はい。　　　　　　　　　Yes.

◆ なるほど。　　　　　　　I see.

◆ うんうん。　　　　　　　Uh-huh.

◆ わかりました。　　　　　I get it. / I've got it. / I understand.

◆ そのとおりです。　　　　That's right. / You're right.

◆ わあ！　　　　　　　　　Wow!

◆ すごい！　　　　　　　　How exciting[amazing]！

◆ 信じられません！　　　　I can't believe it!

◆ そうなんですか？　　　　Is it? / Was it? / Do you? / Did you?
　　　　　　　　　　　　　Is that so?

◆ 本当に？　　　　　　　　Really?

◆ たとえば？　　　　　　　For example?

◆ ところで　　　　　　　　By the way,

◆ さて，　　　　　　　　　Now, / Well,

◆ ええと…。　　　　　　　Well .... / Let's see .... / Let me see ....

◆ 話題を変えましょう。　　Let's change the subject.

◯ 意見をたずねる・言う 〔176〕

Ⓐ あなたの意見はどうですか。
What is your opinion? / What do you think?

➡ Ⓑ 私は，それはいい考えだと思います。
I think that's a good idea.

Ⓑ 私は，それはいい考えだと思いません。
I don't think that's a good idea.

Ⓑ 私は…と思います。
I think [believe / feel] (that) .... ＊feel を使うと少し柔らかい印象になる。

Ⓑ 私もそう思います。　　　　　　　　I think so, too.

Ⓑ 私には…のように思えます。　　　　It seems to me (that) ....

Ⓑ 私はきっと…だと思います。　　　　I'm sure (that) ....

Ⓑ 私はそうは思いません。　　　　　　I don't think so.

Ⓑ 私は…だと思いません。　　　　　　I don't think (that) ....

Ⓑ 私たちは…すべきです。　　　　　　We should do ....

Ⓑ 私たちは…しなければなりません。　We must do ....

Ⓑ 私の意見は…。　　　　　　　　　　My opinion [view] is ....

Ⓑ 私の意見では…。　　　　　　　　　In my opinion [view], ...

　　　　　　　　　　　　　　　　　　From my point of view, ...

Ⓐ 他に意見はありませんか。
Are there any other comments [opinions]?

➡ Ⓑ 十分だと思います。　　　I think that's enough.

Ⓑ 意見はありません。　　　I don't have any opinions.

Ⓑ 考える時間をください。
Please give me some time to think about it.

◯ 発表する

◆ 始めてもよいですか。	May [Can] I begin [start] now?
◆ 自己紹介をさせてください。	Let me introduce myself.
◆ …について発表します。	I'll tell you about ....
◆ …についてお話ししようと思います。	

I'm going to talk about ....

I'd like to talk about ....

I'd like to tell you about ....

◆ …について話させてください。	Let me tell you about ....
◆ まずはじめに…。	First of all, ...
◆ 一方では…。	On the other hand, ...
◆ それとは反対に…。	On the contrary, ...

　　　　　　　　　　　　＊ contrary「反対の」

◆ ここまではよろしいですか。	Are you with me so far?
◆ 結論として…。	In conclusion, ...
	As a conclusion, ...

　　　　　　　　　　　　＊ conclusion「結論」

◆ 何か質問はありますか。	Do you have any questions?
◆ 聞いてくれてありがとうございました。	

Thank you for listening.

◯ その他の関連語

◆ 意見	**view** [vju:]
	opinion [əpínjən]
◆ 観点	**point of view** [pɔ́int əv vjú:]
◆ 発表	**presentation** [prèz(ə)ntéiʃ(ə)n]
◆ 概要	**outline** [áutlain]
◆ 提案	**suggestion** [sə(g)dʒéstʃ(ə)n]
◆ 自己紹介	**self-introduction** [sèlf ìntrədʌ́kʃ(ə)n]
◆ …の意見では	**in one's opinion**
◆ 発表する	**make a presentation**

賛成・反対

○意見をたずねる

◆ あなたはそれに賛成ですか，それとも反対ですか。
Are you for or against it?

○賛成する

◆ (…[人]に)賛成です。　　　I agree (with ...).
　　　　　　　　　　　　　　I'm with [like] you.
◆ (…[意見]に)賛成です。　　I'm for .... * for「…に賛成して」
　　　　　　　　　　　　　　I approve of ....
　　　　　　　　　　　　　　* approve「賛成する」
　　　　　　　　　　　　　　I'll say.
　　　　　　　　　　　　　　I'll second that. * second「賛成する」
◆ 私もそう思います。　　　　I think so, too.
◆ そのとおりです。　　　　　That's true.
◆ よい考えですね。　　　　　That's a good idea.
　　　　　　　　　　　　　　Sounds like a good idea.
◆ 確かに。　　　　　　　　　True.
　　　　　　　　　　　　　　Indeed.
　　　　　　　　　　　　　　Definitely.
　　　　　　　　　　　　　　Exactly.
　　　　　　　　　　　　　　That's for sure.
　　　　　　　　　　　　　　You have a point.
◆ 私もです。　　　　　　　　Me, too.
◆ あなたに 100%賛成です。　 I agree with you 100%.

○反対する

◆ (…[人]に)反対です。　　　I disagree (with ...).
◆ (…[意見]に)反対です。　　I'm against ....
　　　　　　　　　　　　　　* against「…に反対して」

I'm opposed to ....

＊be opposed to ... 「…に反対である」

◆ （…[人]に）賛成できません。　I don't agree（with ...）.
◆ （…[意見]に）賛成できません。　I don't approve of ....

I disapprove of ....

＊disapprove 「賛成しない」

◆ 私はそうは思いません。　I don't think so.
◆ それは本当だと思いません。　I don't think it's true.
◆ それはどうでしょうか。　I'm not sure.
◆ 私は違う意見です。　I have a different opinion.

＊opinion 「意見」

○理由を言う

◆ それは…だからです。　That's because ....
◆ ～の理由は…です。

The reason（why）～ is that［because］....

○その他の関連語

◆ 利点，美点　merit [mérət]
◆ 短所，欠点　demerit [dìːmérit]
◆ 理由　reason [ríːz(ə)n]
◆ 議論する　debate [dibéit]

discuss [diskʌ́s]

argue [áːrgjuː]

＊debate は反対・賛成のそれぞれの立場から公に論じ合う様子，
discuss は複数の人がさまざまな考えや可能性を出し合う様子，
argue はお互いに主張をぶつけ合う様子を表す。

◆ 討論　debate [dibéit]

discussion [diskʌ́ʃ(ə)n]

argument [áːrgjəmənt]

ほめる・お礼を言う・謝る

○ほめる

◆ すばらしい！　　　　　　　　Great! / Wonderful! / Excellent!
◆ よくやった！　　　　　　　　Good job! / Good work! / Way to go! /
　　　　　　　　　　　　　　　 Well done! / You have done well!
◆ 完璧！　　　　　　　　　　　Perfect!
◆ なんて美しい…なんでしょう！
　　　　　　　　　　　　　　　 What a beautiful ...!
◆ …するのがうまいですね。　　You are good at *doing* ....
◆ あなたの…はいいですね。　　I like your ....
◆ …がよく似合います。　　　　You look nice in your ....
◆ おいしかったです。　　　　　It was delicious.
　　　　　　　　　　　　　　　 I enjoyed your meal.

○お礼を言う

◆ （どうも）ありがとう。　　　Thank you (very [so] much).
　　　　　　　　　　　　　　　 Thanks (a lot).
◆ …をありがとう。　　　　　　Thank you for ....
◆ 感謝します。　　　　　　　　I appreciate it.
◆ あなたの…に感謝します。　　I'm thankful to you for ....

○謝る

◆ ごめんなさい。　　　　　　　　　　　　　I'm sorry. / My apologies.
　　　　　　　　　　　　　　　　　　　　　＊「失礼します。」は Excuse me.
◆ …するつもりはありませんでした。　　　　I didn't mean to ....
◆ どうか許してください。　　　　　　　　　Please forgive me.
◆ 自分のしたことを後悔しています。　　　　I regret what I did.
◆ かまいません。　　　　　　　　　　　　　That's OK. / That's all right.
　　　　　　　　　　　　　　　　　　　　　No problem.
◆ 気にしなくていいよ。　　　　　　　　　　Never mind. / Don't worry.

困った

○表現

Ⓐ 困っています。 I'm in trouble.	Ⓑ どうしたの? What's up? What's the matter (with you)? What happened? What's the problem? What's wrong?
Ⓐ わかりません。 I don't know. Ⓐ 財布をなくしました。 I lost my wallet. My wallet is missing.	Ⓑ 何が起こっているの? What's going on? What's happening?

◆ どうしよう。   What should I do?
                 How do I handle this?

◆ 何ができるでしょう。   What can I do?
◆ どうすればいいかわかりません。   I don't know what to do.
◆ どこへ行けばいいかわかりません。   I don't know where to go.
◆ 途方にくれています。   I'm at a loss.
◆ 気が動転してます。   I'm upset.

コラム　困ったときの表現

▶しまった!   ▶あちゃー!
　Oops! / Uh-oh.   Oh, no!
▶何てことだ!   ▶勘弁してよ!
　Oh, my God [goodness]!   Come on! / Give me a break!

質問する

○ what を使う 188

Ⓐ <u>これ</u>は何ですか。 What is <u>this</u>?	Ⓑ それは…です。 It is ....
Ⓐ あなたは<u>放課後</u>何をしますか。 What do you do <u>after school</u>?	Ⓑ 私は…をします。 I *do* ....
Ⓐ あなたは何<u>色</u>が好きですか。 What <u>color</u> do you like?	Ⓑ 私は…が好きです。 I like ....

○ where を使う 189

Ⓐ それはどこにありましたか。 Where was <u>it</u>?	Ⓑ <u>テーブルの上</u>にありました。 It was <u>on the table</u>.
Ⓐ あなたはどこに住んでいますか。 Where do you live?	Ⓑ <u>京都</u>に住んでいます。 I live <u>in Kyoto</u>.

○ when を使う 190

Ⓐ あなたの<u>誕生日</u>はいつですか。 When is <u>your birthday</u>?	Ⓑ <u>2月23日</u>です。 It's <u>February 23</u>.
Ⓐ いつそこへ行きましたか。 When did you go <u>there</u>?	Ⓑ <u>7月1日</u>に行きました。 I went there <u>on July 1</u>.

○ who を使う 191

Ⓐ <u>あの男性</u>はだれですか。 Who is <u>that man</u>?	Ⓑ 彼は…です。 He is ....
Ⓐ だれがあなたに<u>その花をくれました</u>か。 Who <u>gave you the flowers</u>?	Ⓑ …です。 ... did.

110

○ whose を使う

| Ⓐ これはだれの<u>かばん</u>です
か?
Whose <u>bag</u> is <u>this</u>? | Ⓑ <u>私の</u>です。
It's <u>mine</u>.
Ⓑ <u>サトシの</u>です。
It's <u>Satoshi's</u>. |

○ which を使う 193

| Ⓐ どちらが<u>あなたの自転車</u>で
すか。
<u>Which</u> is <u>your bike</u>? | Ⓑ <u>こちら</u>です。
<u>This one</u> is. |
| Ⓐ <u>イタリアとフランス</u>，どち
らに行きたいですか。
<u>Which</u> do you want to go to,
Italy or France? | Ⓑ <u>イタリア</u>に行きたいです。
I want to go <u>to Italy</u>. |

○ how を使う 194

Ⓐ あなたはどうやって<u>学校へ</u> <u>行きます</u>か。 How do you <u>go to school</u>?	Ⓑ <u>バスで</u>行きます。 <u>By bus</u>.
Ⓐ <u>このゲーム</u>はどうやって遊 ぶのですか。 How do we play <u>this game</u>?	Ⓑ <u>コインをとって点を稼ぎま</u> <u>す</u>。 We <u>get coins and score points</u>.
Ⓐ 彼女は <u>CD</u> を何枚持ってい ますか。 How many <u>CDs</u> does she have?	Ⓑ <u>約 50 枚</u>持っています。 She has <u>about fifty</u>.
Ⓐ どれくらいよく<u>ここに来ま</u> <u>す</u>か。 How often do you <u>come</u> <u>here</u>?	Ⓑ <u>毎日</u>です。 <u>Every day</u>.

理由をたずねる

Ⓐ どうして?
Why?
How come?
For what?
How so?

Ⓐ なぜ(だめなの)?
Why not?

Ⓐ なぜか知っていますか。
Do you know why?

Ⓐ 理由を教えて。
Tell me the reason.
Tell me why.

Ⓐ どうして…したのですか。
What made you *do* ...?

Ⓑ なぜなら…だからです。
Because ....

Ⓑ それは…だからです。
That's why[because] ....

○その他の関連語

◆ 謎
riddle [rídl]
* riddle には「なぞなぞ」の意味もある。

◆ 秘密
secret [síːkrət]

◆ …かどうか不思議に思う。
I wonder if ....

≡入試によくでる!

◆ どうして(学校に)遅刻したのですか。
Why were you late (for school)?
— バスに乗り遅れたからです。
— Because I missed the bus.

道案内① 「目的地へ」

○表現

Ⓐ この近くに…はありますか。 Is there ... near here?	
Ⓐ 私は…を探しています。 I'm looking for .... ＊look for ...「…を探す」	

Ⓐ この近くですか。 Is it near here?	Ⓑ 近いです。 It's near here.
Ⓐ ここから遠いですか。 Is it far from here?	Ⓑ そんなに遠くありません。 It's not so far.
	Ⓑ かなり遠いです。 Pretty far.

Ⓐ そこへはどうやって行けば よいですか。 How can I get there?	Ⓑ バスで行けます。 You can get there by bus.

Ⓐ ここから…まで，電車でど れくらい時間がかかります か？ How long does it take from here to ... by train?	Ⓑ 約…時間かかります。 It takes about ... hour(s).
	Ⓑ ここからたった…分です。 It's only ... minute(s) from here.
Ⓐ 歩いてどれくらいかかりま すか。 How long does it take to walk there? How long does it take to get there on foot? ＊on foot「徒歩で」	

◆ 道に迷ってしまいました。　I'm lost.
　　　　　　　　　　　　　　I got lost.

道案内② 「街中で」

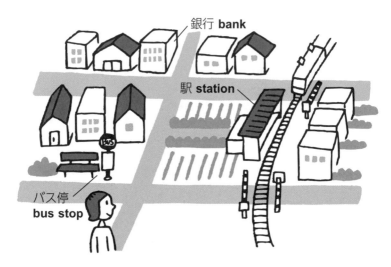

銀行 bank

駅 station

バス停
bus stop

Ⓐ 銀行へ行く道を教えていただけますか。
  Could you tell me the way to the bank?

➡ Ⓑ 通りに沿ってまっすぐ行けば，左側にあります。
  Go straight along the street, and you'll see it on your left.

Ⓐ どうすれば駅へ行けますか。
  How can I get to the station?

➡ Ⓑ まっすぐ行って，2つ目の角を右へ曲がってください。
  Go straight and turn right at the second corner.

Ⓐ あなたは郵便局への行き方を知っていますか。
  Do you know how to get to the post office?

➡ Ⓑ はい。5番のバスに乗ってください。
  Yes. Take Bus No.5.

Ⓐ いちばん近くのバス停はどこですか。
  Where is the nearest bus stop?

➡ Ⓑ 1つ目の角を左へ曲がってください。
  Turn left at the first corner.

○ 道案内の表現

◆ 地図のどこにいるのか教えてくれませんか。
Would［Could］you show me where I am on this map?

◆ …へ行くにはどのバスに乗ればいいですか。
Which bus should I take to get to ...?

◆ …へ行くにはどこで降りたらいいですか。
Where should I get off to go to ...?

◆ 地図を書いていただけますか。
Would you please draw a map for me?

◆ まっすぐ行きなさい。
Go straight.

◆ 右［左］に曲がりなさい。
Turn right［left］.

◆ …番目の信号を右［左］に曲がりなさい。
Turn right［left］at the ... traffic light. ＊…には first など序数を入れる。

◆ …ブロック進みなさい。
Go ahead ... blocks.

◆ 右［左］側にあります。
You'll see it on your right［left］.

○ 位置を表す表現

◆ …の前に　　in front of ...
◆ …のとなりに　next to ...
◆ …の近くに　near ...
◆ …のまわりに　around ...
◆ …と〜の間に　between ... and 〜
◆ …のそばに　by ...
◆ …の裏に　behind ...

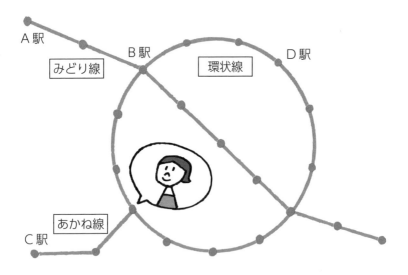

A ここから A 駅にはどう行けばよいですか。
How can I get to A Station from here?

B 環状線で B 駅まで行って、みどり線に乗り換えてください。
Take the Loop Line to B Station and change there to the
Midori Line.

A C 駅に行くにはどの線に乗ればいいですか。
Which line should I take to go to C Station?

B あかね線に乗ってください。
Take the Akane Line.

A ここから D 駅までどのくらいかかりますか。
How long will it take from here to D Station?

B 約 20 分かかります。
It'll take about twenty minutes.

○ 道案内の表現 201

◆ 切符はどこで買えますか。　　　Where can I buy a ticket?
◆ 片道切符をください。　　　　　A one-way ticket, please.
◆ 往復切符をください。　　　　　A round-trip ticket, please.
◆ 1日乗車券をください。　　　　A one-day pass, please.
◆ どこで乗り換えればよいですか。Where should I change trains?
◆ …線に乗ってください。　　　　Take ... line.
◆ …番線の電車に乗ってください。Take the train from track No. ....
◆ 電車が…番線から出ます。　　　The train leaves from track No. ....
◆ …駅で降りてください。　　　　Get off at ... station.
◆ 電車で約…分かかります。　　　It'll take about ... minutes by train.

○ 電車に関連する語 202

◆ ホーム　　　　　　　　platform [plǽtfɔːrm]
　　　　　　　　　　　　　track [træk]
◆ 改札口　　　　　　　　ticket gate [tíkət ɡeit]
◆ 待合室　　　　　　　　waiting room [wéitiŋ ruːm]
◆ 時刻表　　　　　　　　timetable [táimtèibl]
◆ 切符販売機　　　　　　ticket machine [tíkət məʃiːn]
◆ 切符売り場　　　　　　ticket office [tíkət ɔ(ː)fəs]
◆ 定期券　　　　train pass [tréin pæs]
　　　　　　　　commutation ticket [pass] [kὰ(ː)mjuːtéiʃ(ə)n tíkət] [⌐ pæs]
　　　　　　　　commuter ticket [pass] [kəmjúːtər tíkət] [⌐ pæs]
◆ 優先席　　　　　　　　priority seat [praiɔ́(ː)rəti siːt]
◆ 普通(各駅停車の)電車 local train [lóuk(ə)l trein]
◆ 急行電車　　　　　　　express train [iksprés trein]
◆ 特急電車　　　　　　　limited express train [lìmitid iksprés trein]
◆ 快速電車　　　　　　　rapid-transit train [rǽpid trǽnsət trein]
◆ …行きの電車　　　　　a train bound for ....

時刻

Ⓐ 今，何時ですか。
What time is it now?
Do you know what time it is now?
Do you have the time?
＊Do you have time? は
「時間がありますか」の意味になる。

Ⓐ ロンドンは今，何時ですか。
What time is it in London now?

Ⓑ 2 時です。
It's two (o'clock).

Ⓑ 5 時 20 分です。
It's five twenty.

Ⓑ 7 時半です。
It's half past seven.

Ⓑ 正午です。
It's noon.

◆ そのスーパーは何時に開きますか。
What time does the supermarket open?

◆ この図書館は何時に閉まりますか。
What time does this library close?

◆ あなたは何時に起きますか。
What time do you get up?

◆ ピアノのレッスンは何時に始まりましたか。
What time did the piano lesson start [begin]?

○ 時刻の表し方

◆ …時 ＊…時の数字（＋ o' clock）
2 時：two o'clock

◆ …時〜分 ＊…時の数字＋〜分の数字
5 時 20 分：five twenty

◆ …時半／…時 30 分
7 時半：half past seven ＊half は「半分」，past は「…を過ぎて」の意味。
7 時 30 分：seven thirty ＊「…時〜分」と同じ表し方。

◆ …時 45 分
10 時 45 分：quarter to [of / before] eleven ＊quarter「4分の 1」
ten forty-five ＊「…時〜分」と同じ表し方。

◆ 午前　　　　　a.m. [èi ém] ＊ラテン語の ante meridiem の略。

◆ 午後　　　　　p.m. [pì: ém] ＊ラテン語の post meridiem の略。

◆ 午前中に　　　in the morning [in ðə mɔ́:rniŋ]

◆ 午後に　　　　in the afternoon [in ði æ̀ftərnú:n]

◆ 正午に　　　　at noon [ət nú:n] ＊ noon は「昼の 12 時」。

◆ 晩に　　　　　in the evening [in ði í:vniŋ]

◆ 真夜中に　　　at midnight [ət mídnait] ＊ midnight は「夜の 12 時」。

◆ 一晩中　　　　all night (long) [ɔ́:l nàit lɔ(:)ŋ]

　　　　　　　　(all) through the night [ɔ́:l θrú: ðənàit]

◆ 夜明け　　　　dawn [dɔ:n]

　　　　　　　　daybreak [déibrèik]

◆ 日の出　　　　sunrise [sʌ́nraiz]

◆ 早朝　　　　　early morning [ə̀:rli mɔ́:rniŋ]

◆ 昼間，日中　　daytime [déitaim]

◆ 夕暮れ　　　　dusk [dʌsk]

◆ 日没　　　　　sunset [sʌ́nset]

◆ 時差　　　　　time difference [táim díf(ə)r(ə)ns]

◆ 時差ぼけ　　　jet lag [dʒét læg]

◆ 現地時間　　　local time [lóuk(ə)l tàim]

119

旅行

○ 機内で

◆ シートベルトをお締めください。　Fasten your seat belt.
◆ 着席してください。　Return to your seat.

Ⓐ 飲み物は何になさいますか。 What would you like to drink?	Ⓑ オレンジジュースをください。 Orange juice, please.
Ⓐ チキンとビーフ，どちらになさいますか。 Which would you like, chicken or beef?	Ⓑ チキン[ビーフ]をお願いします。 Chicken[Beef], please.

◆ シートベルト　seat belt [síːt bèlt]
◆ 洗面所　lavatory [lǽvətɔːri]
◆ 救命胴衣　life jacket [láif dʒæ̀kit]
◆ 酸素マスク　oxygen mask [ɑ́ːksidʒ(ə)n mæ̀sk]

○ 空港で

Ⓐ パスポートをお願いします。 Passport, please. Show me your passport, please.	Ⓑ どうぞ。 Here you are. Here it is. Ⓑ 私のパスポートです。 Here's my passport.
Ⓐ 職業は何ですか。 What's your occupation?	Ⓑ 教師です。 I am a teacher.
Ⓐ 訪問の目的は何ですか。 What's the[your] purpose of your visit?	Ⓑ 観光です。 Sightseeing. Ⓑ 仕事です。 On business.

120

| Ⓐ どれくらい滞在する予定ですか。
How long will you stay here?
How long are you planning to stay here? | Ⓑ 2週間です。
For two weeks. |
| Ⓐ どこに滞在しますか。
Where are you staying? | Ⓑ …に滞在します。
I'm staying in [at] .... |

◆ 出発　　　　　　　　　departure [dipɑ́:rtʃər]

◆ 到着　　　　　　　　　arrival [əráiv(ə)l]

◆ 乗り継ぎ場所　　　　　transit [trǽnsət]

◆ 入国審査　　　　　　　passport control [pǽspɔ:rt kəntròul]

◆ (出)入国管理　　　　　immigration control [ìmigréiʃ(ə)n kəntròul]

◆ (空港の)手荷物受取所　baggage claim [bǽgidʒ kleim]

◆ 税関　　　　　　　　　customs [kʌ́stəmz]

◆ 荷物　　　　　　　　　baggage [bǽgidʒ]

◆ 搭乗券　　　　　　　　boarding pass [bɔ́:rdiŋ pæs]

◆ 申告書　　　　　　　　declaration form [dèkləréiʃ(ə)n fɔ:rm]

◆ 出入国カード　　　　　**E D card** [i: di: kɑ:rd]

　　　　　　　　　　　　＊ E は embarkation「出国」, D は disembarkation「入国」の略。

◆ トラベラーズチェック　traveler's check [trǽv(ə)lərz tʃek]

◆ 両替所　　　　　　　　currency exchange [kə́:r(ə)nsi ikstʃèindʒ]

買い物①「衣料品店で」

Ⓐ いらっしゃいませ。 ／お手伝いしましょうか。 May[Can] I help you?	Ⓑ はい。…を探しています。 Yes. I'm looking for .... Ⓑ …はありますか。 Do you have ...? Ⓑ 見ているだけです。ありがとう。 I'm just looking. Thank you.
Ⓐ 何サイズですか。 What size do you take[wear]? Ⓐ 何色をお求めですか。 What color do you want?	
Ⓐ こちらはいかがですか。 How about this one?	Ⓑ 試着してもいいですか。 May[Can] I try this on? Ⓑ 他の色のものはありますか。 Do you have this in different [other] colors? Ⓑ …色のものはありますか。 Do you have a[an] ... one? Ⓑ 好みではありません。 It's not my style. Ⓑ 別のものを見せてください。 Please show me another one.
Ⓐ サイズはいかがですか。 How does that fit?	Ⓑ ぴったりです。 It fits perfectly. Ⓑ 私にはちょっと大きすぎます。 It's a little too big for me.

122

	Ⓑ ちょっと小さすぎます。 It's a little too tight[small]. ＊ tight「きつい，ぴったりした」
	Ⓑ これより小さいものはありますか。 Do you have a smaller one?
Ⓐ 15ドルです。 It's 15 dollars.	Ⓑ これはいくらですか。 How much is this?
	Ⓑ これにします。 I'll take this. This one, please.
	Ⓑ 考えてみます。 I'll think about it.

◆ これはセール品ですか。　Is this on sale?
◆ 現金で払います。　I'll pay in cash.
◆ クレジットカードは使えますか。　Can I use a credit card?
◆ 包んでもらえますか。　Could you wrap it, please?
◆ おつりです。　Here's your change.
◆ 他に何か必要ですか。　Do you need anything else?

○ その他の関連語 209

◆ 店員　shop clerk [ʃɑ́(:)p klə:rk]
◆ セール　sale [seil]
◆ ショッピングカート　shopping cart [ʃɑ́(:)piŋ kɑ:rt]
◆ 値札　price tag [práis tæg]
◆ レジ　cash register [kǽʃ rèdʒistər]
◆ 現金　cash [kæʃ]
◆ クレジットカード　credit card [krédət kɑ:rd]
◆ レシート　receipt [risíːt]

買い物② 「飲食店で」

Ⓐ 次の方どうぞ。　　Next, please.	
Ⓐ お持ち帰りですか, それともここで召し上がりますか。 For here or to go?	Ⓑ 持ち帰ります。 To go, please. Ⓑ ここで食べます。 For here, please.
Ⓐ (ご注文は) お決まりですか。 Have you decided (what you would like)? Are you ready to order? May [Can] I take your order?	Ⓑ はい, お願いします。 Yes, please. Ⓑ 少し待ってください。 Just a moment [minute], please. Ⓑ まだ決めているところです。 I'm still deciding. Ⓑ すみません, まだです。 Sorry, I'm [we're] not ready yet. Sorry, I've [we've] not decided yet.
Ⓐ 何になさいますか。 What would you like? What do you want?	Ⓑ …をください。 I'd like .... I'll have ...., please.
Ⓐ (…は) どのサイズになさいますか。 Which size (...) (would you like)? ＊主に飲み物のサイズをたずねる表現。	Ⓑ S [L] でお願いします。 Small [Large] (size), please.

124

Ⓐ …はいかがですか。 How about ...? ＊店員が客にすすめる表現。	Ⓑ そうですね，それもいただきます。 Well, I'll take it, too. Ⓑ いいえ，けっこうです。 No, thank you.
Ⓐ 他に何かいかがですか。 （Would you like）Anything else?	Ⓑ いいえ。以上です。 No. That's all.

◯ レストランで

◆ ご予約はなさっていますか。　Do you have a reservation?
◆ メニューをください。　May［Can］I have a menu, please?
　　　　　　　　　　　May［Can］I see a menu?
◆ 日本語のメニューはありますか。
Do you have a menu in Japanese?
◆ おすすめは何ですか。　What do you recommend?
◆ もう一度メニューを見せていただけますか。
May［Can］I see the menu again?
◆ ラストオーダーは何時ですか。　What time is the last call?
◆ 伝票（＝会計）をお願いします。
Check, please. / May［Can］I have the check, please?

◯ その他の関連語

◆ 予約　　　　reservation [rèzərvéiʃ(ə)n]
◆ 席を予約する　reserve a table
◆ （…時に〜名で）予約をする　make a reservation（for 〜 at ...）
　　　　　　　　　　＊「予約をしている」は have a reservation。

◆ メニュー　menu [ménju:]　◆ 伝票　　check [tʃek]
◆ 注文　　order [ɔ́:rdər]　◆ おつり　change [tʃeindʒ]
◆ 注文をとる　take the order　　＊「小銭」の意味もある。
◆ 持ち帰り用の料理　takeout [téikaut] / carryout [kǽriaut]

食事をする

Ⓐ 飲み物はいかがですか。 Would you like something to drink?	Ⓑ 水をください。 I'd like some water, please. Ⓑ いいえ，けっこうです。 No, thank you.
Ⓐ …をとってくれませんか。 Please pass me .... Could you pass me ...?	Ⓑ どうぞ。 Here you are. Here it is.
Ⓐ …をもう少しいかがですか。 Would you like some more ...? (Would you) Care for some more ...?	Ⓑ はい，いただきます。 Yes, please. Ⓑ いいえ，けっこうです。お腹がいっぱいです。 No, thank you. I'm full.
Ⓐ 紅茶[コーヒー]はどのようにしますか。 How would you like your tea[coffee]?	Ⓑ ストレートでお願いします。 I'd like black[straight] tea[coffee]. Ⓑ ミルクだけお願いします。 With just milk, please. Ⓑ ミルクと砂糖を入れてください。 With milk and sugar, please.

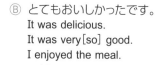

Ⓐ お食事はいかがでしたか。 How was the food? Did you enjoy your food?	Ⓑ とてもおいしかったです。 It was delicious. It was very[so] good. I enjoyed the meal. Ⓑ お腹_{なか}がいっぱいです。 I'm full. I'm stuffed. Ⓑ いっぱい食べました。 I've had enough. I've had plenty.

◆ 乾杯しましょう。　　　　　　Let's have a toast.

　　　　　　　　　　　＊ toast「乾杯」「乾杯！」のかけ声は,
　　　　　　　　　　　　Cheers! / Toast! などと言う。

◆ ご自由にとって召し上がれ。　Please help yourself.

◆ おいしそうですね。　　　　　It looks delicious.

◆ いいにおいですね。　　　　　That smells good.

◆ おいしいですか。　　　　　　Do you like it?

◆ とてもおいしいです。　　　　It's delicious.

◆ おかわりをもらえますか。　　May[Can] I have seconds, please?
　　　　　　　　　　　　　　　May[Can] I have another one?

◆ すみません，…は食べられないんです。

　　　　　　　　　　　　　　　I'm sorry, I can't eat ....

◆ ダイエット中です。　　　　　I'm on a diet.

◆ デザートは何にしますか。　　What would you like for dessert?

◆ もし好きでなければ，残してください。

　　　　　　　　　　　　　　　If you don't like it, just leave it.

病院

A どうなさいましたか。 What's wrong? What's the matter? What seems to be the problem?	B 気分が悪いです。 I feel sick.
	B 少し寒気がします。 I have a slight chill.
	B 熱がある I have a fever[temperature].
	B 鼻水が出ています。 My nose is running. I have a runny nose.
	B のどが痛いです。 I have a sore throat.
	B （ひどい）咳が出ます。 I have a (bad) cough.
	B 風邪をひいています。 I have a cold.
	B 目がかゆいです。 My eyes are itchy. ＊itchy「かゆい」
	B 指を切りました。 I cut my finger.
A どこが痛いのですか。 Where does it hurt?	B 背中が痛いです。 My back hurts.
	B 歯[お腹]が痛いです。 I have a toothache [stomachache].

128

◆ 風邪をひく　　　catch a cold
◆ けがをする　　　get injured
◆ 医者へ行く　　　go to the doctor
◆ 医者　　　　　　doctor [dá(:)ktər]
◆ 看護師　　　　　nurse [nə:rs]
◆ 患者　　　　　　patient [péiʃ(ə)nt]
◆ 薬を飲む　　　　take medicine
◆ 入院する　　　　enter (the) hospital
◆ 手術を受ける　　have surgery
　　　　　　　　　have an operation
◆ 病気　　　　　　disease [dizí:z]
◆ 痛み　　　　　　pain [pein]
　　　　　　　　　ache [eik]

　＊ pain は鋭い痛み，ache はうずくような痛みを表す。
　＊ ache は，headache「頭痛」，stomachache「腹痛」など，身体
　　の部位名の語尾について，「…の痛み」という意味のことばをつ
　　くる。

◆ 体温計　　　　　(clinical) thermometer [klìnik(ə)l θərmá(:)mətər]
◆ 注射　　　　　　injection [indʒékʃ(ə)n]
◆ 手術　　　　　　surgery [sə́:rdʒ(ə)ri]
　　　　　　　　　operation [à(:)pəréiʃ(ə)n]
◆ 交通事故　　　　traffic accident [trǽfik ǽksid(ə)nt]
◆ 健康診断　　　　medical checkup [médik(ə)l tʃékʌp]
◆ 健康保険証　　　health insurance card [hélθ inʃù(ə)r(ə)ns kɑ:rd]

コラム	身の回りの症状・病気の言い方

▶吐き気　　　　　　　　　▶貧血　　　　　　　　　　▶過労
nausea [nɔ́:ziə]　　　　　anemia [əní:miə]　　　　overwork [óuvərwə̀:rk]

▶熱中症　　　　　　　　　▶下痢　　　　　　　　　　▶がん
heatstroke [hí:tstrouk]　diarrhea [dàiərí:ə]　　　cancer [kǽnsər]

授業

○ 先生から生徒へ

◆ みなさん，おはようございます。 Good morning, everyone.

◆ お元気ですか。 How are you?

◆ 授業を始めましょう。 Let's start our lesson.

◆ 教科書の…ページを開きなさい。 Open your textbook to page ....

◆ 教科書を閉じなさい。 Close your textbook.

◆ 手をあげなさい。 Raise your hand.

◆ 黒板を見なさい。 Look at the blackboard.

◆ 立ちなさい。 Stand up.

◆ 座りなさい。 Sit down.

◆ 私のあとに続けなさい。 Repeat after me.

◆ 静かにしてください。 Be quiet, please.

◆ CD を聞きましょう。 Let's listen to the CD.

◆ 一緒に読みましょう。 Let's read together.

◆ 書きとめなさい。 Write this down.

◆ 鉛筆を置きなさい。 Put down your pencils.

◆ 今日は以上です。 That's all for today.

◆ 次の授業で会いましょう。 See you in the next lesson.

◆ 宿題は終わりましたか。 Did you finish your homework?

○ 生徒から先生へ

◆ 質問があります。 I have a question.

◆ もう一度言ってください。 Please say that again.

　　　　　　　　　　　　　　　 Could you say that again?

　　　　　　　　　　　　　　　 Pardon?

◆ すみません。 Excuse me.

◆ この単語は何という意味ですか。 What does this word mean?

◆ 「…」は英語で何と言いますか。 How do you say "..." in English?

◆ 「…」はどんなつづりですか。 How do you spell "..."?

文法用語・学習編

音・符号

アルファベット

英語をつくる26個の文字。大文字，小文字の２種類の文字と，活字体，ブロック体，筆記体などの書体がある。 アルファベット ▶ p.156-157

◆ **活字体**

アルファベットの書体の１つ。本や雑誌など印刷用の書体（A, a）。

◆ **ブロック体**

アルファベットの書体の１つ。活字体のような手書きの書体（A, a）。

◆ **筆記体**

アルファベットの書体の１つ。つなげて書ける手書きの書体（𝒜, 𝒶）。

単語

アルファベットがいくつか集まって意味を持ったもの。 単語 ▶ p.158

文

英語の決まりに従って**単語**を並べて，ある意味を表すもの。 文 ▶ p.158

母音
ぼ いん

[i], [e], [æ]のように，くちびるや舌などで声がさえぎられずにできる音。 母音の発音 ▶ p.164-165

◆ **短母音**

短い母音。[i], [e]など。

◆ **長母音**

長い母音。[iː], [ɑːr]など。

◆ **二重母音**

母音が２つつながっているもの。[ei], [ai]など。

子音
 　
 くちびるや舌などで息や声がさえぎられてできる音。　子音の発音 ▶
 p.166-167

◆ 無声音
 息だけでつくる音。[p], [t], [f]など。

◆ 有声音
 声を出してつくる音。[b], [d], [v]など。

○ 英語の符号

ピリオド〈 . 〉
 肯定文【▶ p.148】・否定文【▶ p.148】の終わりに使う。終止符。
　・I am Kentaro. 「私はケンタロウだ。」

コンマ〈 , 〉
 文を途中で区切るときに使う。
　・Nice to meet you, Aya. 「はじめまして，アヤ。」

クエスチョンマーク〈 ？ 〉
 疑問文【▶ p.149】の終わりに使う。疑問符。
　・Do you have any pets? 「あなたは何かペットを飼っていますか。」

エクスクラメーションマーク〈 ！ 〉
 感心したり，何かを強調したりする文の終わりに使う。感嘆符。
　・That's great! 「それはすごいですね。」

アポストロフィ〈 ’ 〉
 短縮形や所有格【▶ p.137】「〜の」を表すときに使う。
　・I'm〔I am の短縮形〕　・Hiroki's ball 「ヒロキのボール」

クォーテーションマーク〈 " " 〉
 会話や，本などの作品名を引用するときに使う。引用符。
　・She said, "My name is Alice."
　　「彼女は『私の名前はアリスです』と言った。」

コロン〈:〉

何かを具体的に例示するときやことばの言いかえ，「すなわち」という意味で前の語句を説明するときなどに使う。

- I have two roommates: Becky and Kumi.
「私には2人のルームメイトがいる，ベッキーとクミだ。」

セミコロン〈;〉

コンマより長く，ピリオドより短い休止に使う。

- He is a student; she is a teacher. 「彼は生徒で，彼女は先生だ。」

ダッシュ〈 ― 〉

文中の語句の説明，言い直し，つけ足しに使う。

- I like the Japanese traditional play ― *kabuki*.
「私は日本の伝統的な劇，歌舞伎が好きだ。」

ハイフン〈 - 〉

複合語や**数詞**【▶ p.139】などに使う。

- great-grandfather「曾祖父」　　・ twenty-one「21」

構成

⬤いろいろな品詞

品詞

単語【▶ p.132】を役割や働きによって分類したもの。

動詞【▶ p.142】

人やものごとの動作，状態などを表す語。be動詞と一般動詞に分けられ，原形，現在形，過去形，現在分詞（ing形），過去分詞の形がある。

◆ **be動詞**

be, am, is, are, was, were, been のこと。〈＝〉の働きをする「～だ[である]」と，所在を表す「ある[いる]」の2つの意味を持つ。

- I am happy. 「私は幸せだ。」〔〈＝〉の働き〕
- I am in Osaka. 「私は大阪にいる。」〔所在〕

◆ **一般動詞**

be 動詞以外の動詞。動詞が表す内容から動作動詞と状態動詞，働きから自動詞と他動詞に分けられる。

- **動作動詞** study「勉強する」，buy「買う」など，**主語【▶ p.142】**の動作を表す動詞。
  - I study English every day. 「私は毎日，英語を勉強する。」
- **状態動詞** know「知っている」，have「持っている」など，**主語**の状態を表す動詞。
  - I know him very well. 「私は彼をとてもよく知っている。」
- **自動詞** 直後に**目的語【▶ p.142】**を必要としない動詞。
  - He goes to school by bus. 「彼はバスで学校へ行く。」
- **他動詞** 直後に**目的語**を必要とする動詞。
  - I have a lot of CDs. 「私はたくさんの CD を持っている。」
    目的語
- **知覚動詞** see，hear，feel など，目や耳や身体で直接見たり聞いたり感じたりすることを表す動詞。
- **使役動詞** make，let，have など，「(**目的語**) に～させる」という意味を表す動詞。

◆ **原形**

何も変化していない元のままの動詞の形。

◆ **現在形**

- be 動詞の現在形【▶ p.145】
- 一般動詞の現在形【▶ p.145】

◆ **過去形**

- be 動詞の過去形【▶ p.145】
- 一般動詞の過去形【▶ p.146】

◆ **現在分詞(ing 形)**

進行形などに使われる動詞の形。**動名詞【▶ p.151】**も同じ形。動詞の ing 形(現在分詞，動名詞)のつくり方▶ p.173

◆ 過去分詞

受け身形 (受動態) 【▶ p.152】と**完了形**【▶ p.147】の文をつくるときに使われる動詞の形。過去形と同じで**規則動詞**【▶ p.146】と**不規則動詞**【▶ p.146】がある。 動詞の過去形・過去分詞 ▶ p.174-175

名詞

人やものごとの名前を表す語。可算名詞, 不可算名詞に分けられる。

◆ 可算名詞 (数えられる名詞)
<small>か さん</small>

「1, 2…」と数で表せる名詞。普通名詞と集合名詞に分けられる。

・**普通名詞**　book「本」のように同じ種類のさまざまなものに共通して使われる名詞。数が2つ以上のときは複数形にする。 名詞の 複数形 ▶ p.170　数が1つのときの形を単数形といい, **不定冠詞**【▶ p.137】や**定冠詞**【▶ p.137】がつく。

・**集合名詞**　複数の人やものが集合してつくるグループを表す名詞。集合名詞は, 1つの集団として考える場合は単数扱い, 集団内の1人1人を考える場合は複数扱いになる。

　・Our team <u>is</u> wonderful.「私たちのチームはすばらしい。」〔単数扱い〕
　・Our team <u>are</u> excited.「私たちのチームは興奮している。」〔複数扱い〕

◆ 不可算名詞 (数えられない名詞)
<small>ふ か さん</small>

数ではなく量などで表す名詞。ふつう**不定冠詞**はつかず, 複数形にもならない。固有名詞, 物質名詞, 抽象名詞に分けられる。 不可算 名詞とものの数え方 ▶ p.171

・**固有名詞**　特定の人, 場所, 言語, 月, 曜日などを表す名詞。
　・Satoshi「サトシ」〔人名〕　　・English「英語」〔言語〕
・**物質名詞**　一定の形をもたない物質を表す名詞。
　・wine「ワイン」　　・bread「パン」
・**抽象名詞**　目に見えないものの性質や状態を表す名詞。
　・beauty「美しさ」　　・happiness「幸福」

冠詞

a, an, the のこと。**名詞**【▶ p.136】につく語。不定冠詞と定冠詞に分けられる。

◆ **不定冠詞**

a，an のことで，**可算名詞**【▶ p.136】の単数形につき，「ある…」「1つの…」などという意味を表す。初めて登場する**名詞**などに使われる。a は**子音**【▶ p.133】の発音で始まる語の前，an は**母音**【▶ p.132】の発音で始まる語の前につく。

・a book「ある［1冊の］本」　・an old book「ある［1冊の］古い本」

◆ **定冠詞**

the のことで，何を指しているか相手にもわかるものに使われる。**可算名詞**と**不可算名詞**【▶ p.136】の両方につく。

・the book「（その）本」　・the sun「太陽」

代名詞

名詞【▶ p.136】のかわりに使われる語。人称代名詞，指示代名詞，不定代名詞，疑問代名詞，関係代名詞に分けられる。

◆ **人称代名詞**

I，you，it など人やものごとを表す代名詞。主格，所有格，目的格の3つの形がある。所有代名詞，再帰代名詞も人称代名詞に含まれる。人称代名詞【▶ p.172】

・**主格**　「〜は［が］」の意味を表す形。

・**所有格**　「〜の」の意味を表す形。

・**目的格**　「〜を［に］」の意味を表す形。

・**所有代名詞**　「〜のもの」の意味を表す代名詞。

・**再帰代名詞**　「〜自身」の意味を表す代名詞。

・**人称**　話し手との関係を表すことば。

　・**1人称**　自分と，自分を含む話し手のこと。I「私は［が］」，we「私たちは［が］」など。

　・**2人称**　話し相手のこと。you「あなたは［が］，あなたたちは［が］」など。

　・**3人称**　自分と話し相手を含まないすべての人やものごと。he「彼は［が］」，they「彼らは［が］，それらは［が］」，it「それは［が］」など。

◆ **指示代名詞**

this，that，these，those のこと。具体的なものを指す代名詞。

◆ **不定代名詞**

one，some，any，another など不特定のものを指す代名詞。

◆ **疑問代名詞**

what，who など代名詞として働く**疑問詞**【▶ p.149】。

・What is on the table?「テーブルの上に何がありますか。」

・Who wrote this letter?「だれがこの手紙を書いたのですか。」

◆ **関係代名詞**

代名詞と**接続詞**【▶ p.141】の２つの働きを持ち，who，which，that，whom，whose などがある。主格，目的格，所有格の３つの格がある。どの関係代名詞を使うかは，先行詞の種類と関係代名詞の用法によって決まる。制限用法と非制限用法に分けられる。

・**先行詞**　関係代名詞節によって修飾される**名詞**【▶ p.136】や代名詞。

・**主格の関係代名詞**　導く**節**【▶ p.144】の中で，関係代名詞が**主語**【▶ p.142】の役割をしているもの。

・I have an aunt who sings very well.
　　　　　　先行詞
「私にはとても上手に歌うおばがいます。」

・**目的格の関係代名詞**　導く**節**の中で，関係代名詞が**目的語**【▶ p.142】の役割をしているもの。

・I like the sweater which my mother made me.
　　　　　　　先行詞
「私は母が私に作ってくれたセーターが好きだ。」

・**所有格の関係代名詞**　導く**節**の中で，関係代名詞が**所有格**【▶ p.137】の語の役割をしているもの。

・He has a dog whose name is Josh.
　　　　　先行詞
「彼はジョシュという名前のイヌを飼っている。」

【先行詞と関係代名詞の格の使い分け】

先行詞の種類	主格	目的格	所有格
人	**who**	**who(m)**	**whose**
もの・動物	**which**		
人・もの・動物	**that**		—

・**制限用法（限定用法）**　先行詞を後ろから修飾する用法。

　・Mr. Long has a son who runs very fast.

　　「ロングさんには，走るのがとても速い息子がいる。」

・**非制限用法（継続用法）**　先行詞のあとに**コンマ**【▶ p.133】があり，先行詞の補足説明をする用法。

　・Mr. Long has a son, who runs very fast.

　　「ロングさんには息子が1人いて，走るのがとても速い。」

形容詞

　ものやことがらの様子，性質，状態などを表す語。**名詞**【▶ p.136】や**代名詞**【▶ p.137】を修飾する。限定用法と叙述用法の2つの用法がある。

◆ **限定用法**

　名詞や**代名詞**の前に置き，その語句を修飾する用法。

　・a beautiful mountain「美しい山」

◆ **叙述用法**

　文中で**補語**【▶ p.142】の働きをし，**主語**【▶ p.142】や**目的語**【▶ p.142】を説明する用法。

　・Mt. Fuji is beautiful.「富士山は美しい。」

◆ **数詞**

　数や量を表す形容詞の中で，一定の数を表すもの。基数詞と序数詞に分けられる。

　・**基数詞**　one，two などふつうの数を表す数詞。

　・**序数詞**　first，second など数の順序を表す数詞。

◆ **疑問形容詞**

　what，whose など〈**疑問詞**【▶ p.149】＋**名詞**〉の形で形容詞として働く**疑問詞**。

　・Whose watch is this?「これはだれの腕時計ですか。」

副詞

　動詞【▶ p.134，142】の動作などを説明したり，**形容詞**【▶ p.139】，副詞を修飾したりする語。時，場所，様態，頻度，強調などの意味を表す。

- I went to the library <u>yesterday</u>.
  「私は<u>昨日</u>，図書館へ行った。」〔時〕

- Please come <u>here</u>.「<u>ここに</u>来てください。」〔場所〕

- He can swim <u>fast</u>.
  「彼は<u>速く</u>泳ぐことができる。」〔様態〕

- She <u>always</u> drinks tea at three.
  「彼女は<u>いつも</u> 3時にお茶を飲む。」〔頻度〕

- This song is <u>very</u> famous in Japan.
  「この歌は日本では<u>とても</u>有名だ。」〔強調〕

◆ 疑問副詞

when，where など副詞として働く**疑問詞**【▶ p.149】。

- <u>Where</u> do koalas live?「コアラはどこに住んでいますか。」

◆ 関係副詞

副詞と**接続詞**【▶ p.141】の 2 つの働きを持つ when，where，why，how のこと。どの関係副詞を使うかは，**先行詞**【▶ p.138】によって決まる。

- Do you remember the day |when| we first met?

  「私たちが初めて会った<u>日</u>を覚えていますか。」

- **複合関係副詞**　whenever，wherever など関係副詞に -ever がついたもので，**先行詞**の働きも兼ねる。

助動詞

can，may など，**動詞**【▶ p.134，142】に意味をつけ加える語。

- I <u>can</u> play the piano.「私はピアノを弾く<u>ことができる</u>。」〔can「…できる」〕

- <u>May</u> I sit here?「ここに座って<u>もいい</u>ですか。」〔may「…してもよい」〕

前置詞【▶ p.181-182】

in，on，at など，**名詞**【▶ p.136】などの前に置いて場所や時などを表す語。

- The restaurant stands <u>on</u> the hill.
  「そのレストランは<u>丘の上に</u>立っている。」〔場所〕

・Cherry blossoms are very beautiful in spring.
「春には桜の花がとても美しい。」〔時〕

接続詞

単語【▶ p.132】と単語，句【▶ p.143】と句，文【▶ p.132】と文をつなぐ語。等位接続詞と従属接続詞に分けられる。

◆ **等位接続詞** _{とうい}

and，but など**単語**と単語，**句**と句，**文**と文などを対等の関係で結びつける接続詞。

・I like baseball and soccer.
「ぼくは野球とサッカーが好きだ。」〔単語と単語〕

・Mr. Ito is kind and his class is interesting.
「イトウ先生は親切で，彼の授業は興味深い。」〔文と文〕

◆ **従属接続詞**

that，if など主になる**文**[**節【▶ p.144】**]に従属する形で，別の文[節]を結びつける接続詞。主になる文[節]を主節，従属する文[節]を従属節という。

・I hope that you will get well soon.
　　　主節　　　　　　従属節
「あなたが早くよくなるといいなと思う。」

◆ **相関接続詞**

特定の語句と語句が関連し合って，接続詞としての役割を果たすもの。

・He can play not only the guitar but also the piano.
「彼はギターだけでなくピアノも弾ける。」
〔not only A but (also) B「A だけでなく B も（また）」〕

◆ **群接続詞**

2語以上の語句が集まって接続詞の働きをするもの。

・I took off my coat as soon as I entered the room.
「部屋に入るとすぐに私はコートを脱いだ。」〔as soon as ...「…するとすぐに」〕

間投詞 _{かんとう}

oh，ah など驚きや喜びといった話す人の感情を表す語。

文法用語・学習編　構成

141

・<u>Oh</u>, that's a good idea. 「<u>おお</u>，それはいい考えだ。」

文のしくみ

文の要素

英語の文をつくる部品のようなもの。主語，動詞，目的語，補語のこと。

◆ **主語(S)**

文の主題[中心]となる部分。「〜は[が]」を表す。英語では subject といい，その頭文字をとって S とも表す。

◆ **動詞(V)【▶ p.134】**

「〜する」「〜である」など主語が行う動作や状態などを表す。英語では verb といい，その頭文字をとって V とも表す。

◆ **目的語(O)**

動詞の動作を受ける人やものごと。「〜を[に]」を表す。英語では object といい，その頭文字をとって O とも表す。

◆ **補語(C)**

主語や目的語が何であるか，あるいはどのような状況かを説明する。英語では complement といい，その頭文字をとって C とも表す。

5つの文構造

英語の文を5つの種類に分けたもの。〈**主語＋動詞**〉の形が基本で，動詞のあとにどの要素があるかで種類を区別することができる（**主語**【▶ p.142】，**動詞**【▶ p.134，142】）。

◆ **第1文型(SV)**

〈**主語＋動詞**〉の文。動詞の後ろには，修飾語句が続くことが多い。

・<u>I</u> <u>walk</u>. 「私は歩く。」
　S　V

・<u>I</u> <u>walk</u> to school. 「私は学校に歩いていく。」
　S　V　　修飾語句

◆ **第2文型(SVC)**

〈**主語＋動詞＋補語**【▶ p.142】〉の文。主語＝補語(S ＝ C)の関係になる。

・I am a student.「私は学生だ。」
　S V 　　C

・I feel good on sunny days.「私は天気のよい日は気分がよい。」
　S V 　　C

◆ 第3文型（SVO）

〈**主語＋動詞＋目的語**【▶ p.142】〉の文。目的語は動詞が表す動作の対象を表す。

・Nancy has a guitar.「ナンシーはギターを持っている。」
　　S 　 V 　　O

◆ 第4文型（SVOO）

〈**主語＋動詞＋目的語＋**目的語〉の文。**他動詞**【▶ p.135】の後ろに目的語が2つ続く。

・My father gave me a present.「父は私にプレゼントをくれた。」
　　　S 　　 V 　O₁ 　O₂

→My father gave a present to me.
　　　S 　　 V 　　O

＊第4文型の文は，〈主語＋動詞＋目的語＋ to [for] ...〉の形にして，第3文型の文に書きかえられる場合がある。

◆ 第5文型（SVOC）

〈**主語＋動詞＋目的語＋補語**〉の文。**他動詞**の後ろに目的語と補語が続く。目的語＝補語（O ＝ C）の関係になる。

・The picture made Tom famous.「その絵はトムを有名にした。」
　　　S 　　　 V 　　O 　　C

○ **句と節**

句

単語【▶ p.132】がいくつか集まって，1つの**品詞**【▶ p.134】と同じ働きをするもので，〈**主語＋動詞**〉を含まないもの。名詞句，形容詞句，副詞句に分けられる（**主語**【▶ p.142】，**動詞**【▶ p.134, 142】）。

◆ 名詞句

名詞【▶ p.136】と同じ働きをする句。

・Playing soccer is fun.
「サッカーをすることはおもしろい。」〔文の主語＝名詞と同じ働き〕

- My dream is <u>to be a teacher</u>.
  「私の夢は<u>先生になること</u>だ。」〔文の補語＝名詞と同じ働き〕

◆ 形容詞句

形容詞【▶ p.139】と同じ働きをする句。

- Could you tell me <u>the way</u> <u>to the station</u>?

  「<u>駅への道</u>を教えてくださいませんか。」〔the way を修飾＝形容詞と同じ働き〕

◆ 副詞句

副詞【▶ p.139】と同じ働きをする句。

- We eat dinner <u>at seven o'clock</u>.
  「私たちは<u>7時に</u>夕食をとる。」〔時を表す＝副詞と同じ働き〕

- This train goes <u>to London</u>.
  「この列車は<u>ロンドンに</u>行く。」〔場所を表す＝副詞と同じ働き〕

節

単語【▶ p.132】がいくつか集まって，1つの**品詞**【▶ p.134】と同じ働きをするもので，〈**主語**＋**動詞**〉を含むもの。名詞節，形容詞節，副詞節に分けられる（**主語**【▶ p.142】，**動詞**【▶ p.134，142】）。

◆ 名詞節

名詞【▶ p.136】と同じ働きをする節。

- I think <u>that you are right</u>.
  「私は<u>あなたが正しい</u>と思う。」〔動詞の目的語＝名詞と同じ働き〕

◆ 形容詞節

形容詞【▶ p.139】と同じ働きをする節。

- That is <u>a picture</u> <u>Ken painted</u>.

  「あれは<u>ケンが描いた 絵</u>だ。」〔a picture を修飾＝形容詞と同じ働き〕

◆ 副詞節

副詞【▶ p.139】と同じ働きをする節。

- Be careful <u>when you cross the road</u>.
  「<u>道を渡るときは</u>気をつけなさい。」〔時を表す＝副詞と同じ働き〕

- <u>If you are free</u>, please join us.
  「<u>もし暇なら</u>，私たちに加わってください。」〔条件を表す＝副詞と同じ働き〕

時制

動詞【▶ p.134】の表す内容がいつ起こったかを示す語形変化のこと。現在，過去，未来の３つの基本時制と，進行形，完了形などの時制がある。

○ 基本時制

現在時制（現在形）

現在の状態，性質や日常の習慣，社会通念，普遍的な事実などを表す。**動詞【▶ p.134, 142】**を**現在形【▶ p.135】**にして表す。

◆ **be 動詞の現在形**

am, is, are のこと。**主語【▶ p.142】**によって使い分ける。

【主語と be 動詞の現在形の使い分け】

主語	be 動詞の現在形
I	**am**
I，**you** 以外の単数	**is**
you，複数	**are**

◆ **一般動詞の現在形**

原形【▶ p.135】と同じ形。**主語**が３人称単数のときは原形に -s，-es がつく。これを３人称単数現在形という。動詞の３人称単数現在形のつくり方 ▶ p.173

・I <u>eat</u> rice for breakfast.
「私は朝食にごはんを食べる。」〔原形と同じ形〕

・He <u>eats</u> bread for breakfast.
「彼は朝食にパンを食べる。」〔３人称単数現在形〕

過去時制（過去形）

過去の動作，状態，性質，できごと，過去の習慣などを表す。**動詞【▶ p.134, 142】**を**過去形【▶ p.135】**にして表す。

◆ **be 動詞の過去形**

was, were のこと。**主語【▶ p.142】**によって使い分ける。

【主語と be 動詞の過去形の使い分け】

主語	be 動詞の過去形
you 以外の単数	**was**
you，複数	**were**

◆ **一般動詞の過去形**

規則動詞と不規則動詞の2種類の変化の形がある。動詞の過去形・過去分詞▶ p.174-175

・**規則動詞**　規則的に語尾に -ed，-d がつく**動詞**。

・**不規則動詞**　不規則に形が変化する**動詞**。

未来時制（未来表現）

現在より先の未来のことがらや予定，意志などを表す。will や be going to などを使って表す。

・It <u>will</u> be sunny tomorrow. 「明日は晴れるだろう。」〔will（単純未来）〕

・I <u>will</u> help Nick with his homework.
「私はニックの宿題を手伝う<u>つもりだ</u>。」〔will（意志未来）〕

・I <u>am going to</u> eat dinner with Sue tonight.
「私は今晩，スーと夕食を食べる<u>つもりだ</u>。」〔be going to（主語の意図・予定）〕

・It <u>is going to</u> rain soon.
「すぐに雨が降り<u>そうだ</u>。」〔be going to（話し手の予測）〕

○ 進行形

「～している」というように，動作が進行していることを表す。現在進行形と過去進行形に分けられる。〈**be 動詞＋動詞の ing 形**〉の形（**be 動詞**【▶ p.134】，**動詞の ing 形**【▶ p.136】）。

◆ **現在進行形**

「（現在）～している」という意味で，現在進行中の動作やできごとを表す。〈**am**［**is/are**］**＋動詞の ing 形**〉の形。am，is，are は**主語**【▶ p.142】によって使い分ける。

◆ **過去進行形**

「（過去に）～していた」という意味で，過去の一時点における動作の進行を表す。〈**was**［**were**］**＋動詞の ing 形**〉の形。was，were は**主語**に

よって使い分ける。

○完了形

現在完了

過去に始まった動作や状態が，何らかの形で現在とつながっていることを表す。「継続」「完了・結果」「経験」の３つの用法がある。〈have [has] ＋**過去分詞**【▶ p.136】〉の形。

◆ **継続用法**

過去に起こった状態や状況が，現在にいたるまでずっと継続していることを表す。

・I have lived in Chiba since I was a child.
「私は子どものときからずっと千葉に住んでいる。」

◆ **完了・結果用法**

過去の一時点から続いていた動作や状態が，現在までに完了したことを表す。

・I have just finished reading this book.
「私はちょうどこの本を読み終えたところだ。」

◆ **経験用法**

過去から現在までの経験を表す。

・I have met her twice. 「私は彼女に２度会ったことがある。」

現在完了進行形

過去に始めた動作が，現在にいたるまでずっと継続していることを表す。〈have [has] been ＋**動詞の ing 形**【▶ p.136】〉の形。

・You have been driving for more than two hours.
「あなたは２時間以上も運転している。」

過去完了

過去のある時よりも前から，その過去のある時まで，動作や状態がつながっていることを表す。〈had ＋**過去分詞**【▶ p.136】〉の形。

・I had traveled abroad once before then.
「私はそのときまでに１度，海外へ行ったことがあった。」

主節の**動詞**【▶ p.134，142】が**過去形**【▶ p.135】になると，従属節の動詞や
助動詞【▶ p.140】もそれに対応して形を変えるという規則。

- I <u>think</u> you <u>have</u> a fever. 「あなたは熱があると思う。」〔現在〕
  → I <u>thought</u> you <u>had</u> a fever. 「あなたは熱があると思った。」〔過去〕

文の形

● 平叙文

話し手が，あることについて事実や自分の考えを述べる文。〈**主語**＋**動
詞**〉の語順。肯定文と否定文に分けられる（**主語**【▶ p.142】，**動詞**【▶
p.134，142】）。

◆ **肯定文**

「～である」，「～する」などの肯定の意味の文。

- I <u>have</u> a bike. 「私は自転車を持っている。」

◆ **否定文**

「～ではない」，「～しない」などの否定の意味の文。

- I <u>don't</u> have a bike. 「私は自転車を持っていない。」

- **否定疑問文**【▶ p.149】

- **部分否定**　「必ずしも～ではない」，「いつも～とは限らない」のよ
うに，一部を否定する表現。

  - I <u>don't</u> understand <u>all</u> of the story.
    「私はその話のすべてを理解しているわけではない。」

- **二重否定**　「～ない…はない」のような否定の否定の表現。肯定の
意味になる。

  - There is <u>no one</u> who <u>does not</u> want to be happy.
    「幸せになりたくない人はいない（＝みんな幸せになりたい）。」

- **否定語**　not, no, never, nothing などのように否定の意味を表
す語。

  - I have <u>no</u> money. 「私はまったくお金を持っていない。」

- **準否定語** few, little, seldom などのように否定に近い意味を表す語。
  - I saw <u>few</u> people on the beach. 「私は海岸でほとんど人を見なかった。」

○疑問文

「〜ですか」,「〜しますか」などのように何かをたずねるときの文。

◆ **疑問詞**

what, who, when などたずねたい内容が何なのかを表す語。
  - <u>Who</u> is that tall man? 「あの背の高い男性はだれですか。」

◆ **修辞疑問**

疑問詞で始まる疑問文で反語的な意味を表す表現。
  - <u>Who</u> knows? 「だれが知っているのですか(=だれも知らない)。」

◆ **付加疑問(文)**

「〜ですよね」のように,確認したり同意を求めたりする表現。
  - He is a good singer, <u>isn't he</u>? 「彼は歌が上手ですよね。」

◆ **間接疑問**

疑問詞で始まる**節**【▶ p.144】が,**動詞**【▶ p.134, 142】の**目的語**【▶ p.142】になっているもの。
  - I don't know <u>what this word means</u>.
    「私はこの単語が何を意味するかわからない。」

◆ **否定疑問文**

「〜しないのですか」のように,否定形で始まる疑問文。
  - <u>Don't</u> you know that? 「あなたはそれを知らないのですか。」

○命令文

「〜しなさい」のように,相手にしてほしいことを強く伝える文。

◆ **肯定の命令文**

「〜しなさい」という意味の命令文。〈動詞の**原形**【▶ p.135】〜.〉の形。前か後ろに please をつけると,「〜してください」という丁寧な依頼の表現になる。

・Help me, Lisa. 「私を手伝って，リサ。」

◆ 否定の命令文

「～してはいけません」という禁止の意味の命令文。〈Don't ＋動詞の**原形** ～.〉の形。

　　・<u>Don't run</u> in the room. 「部屋の中で走ってはいけません。」

◆ Let's ～. の文

「～しましょう」という勧誘の意味の文。〈Let's ＋動詞の**原形** ～.〉の形。

　　・<u>Let's have</u> lunch together. 「一緒に昼食を食べましょう。」

○感嘆文

「なんと～だろう」と驚き，悲しみ，喜び，賞賛などの自分の感想を表す文。〈How ＋**形容詞**［**副詞**］＋**主語**＋**動詞** ～ !〉，〈What（a［an］）＋**形容詞**＋**名詞**＋主語＋動詞 　～ !〉の形（**形容詞**【▶ p.139】，**副詞**【▶ p.139】，**主語**【▶ p.142】，**動詞**【▶ p.134，142】，**名詞**【▶ p.136】）。

　　・<u>How</u> fast he runs! 「彼はなんと速く走るのだろう。」

　　・<u>What</u> a big house he has! 「彼はなんと大きな家を持っているのだろう。」

表現

○不定詞

主語【▶ p.142】の**人称**【▶ p.137】や数，**時制**【▶ p.145】によって形を決められることがなく，文中での働きによって意味が決まる表現。〈to ＋動詞の**原形**【▶ p.135】〉の形のものと，to のつかない原形不定詞に分けられる。

不定詞（to＋動詞の原形）

　名詞的用法，副詞的用法，形容詞的用法の３つの用法がある。

◆ 名詞的用法

　文中で**名詞**【▶ p.136】と同じ働きをする。「～すること」の意味を表す。

　　・My dream is <u>to be</u> an astronaut. 「私の夢は宇宙飛行士になることだ。」

◆ **副詞的用法**

文中で**副詞**【▶ p.139】と同じ働きをする。「～するために (動作の目的)」，「～して (感情の原因)」などの意味を表す。

- ・I saved money <u>to buy</u> a computer.
  「私はコンピュータを<u>買うために</u>お金を貯めた。」

- ・I was happy <u>to hear</u> the news.
  「私はその知らせを<u>聞いて</u>うれしかった。」

◆ **形容詞的用法**

名詞や**代名詞**【▶ p.137】を後ろから修飾し，文中で**形容詞**【▶ p.139】と同じ働きをする。「～するための」の意味を表す。

- ・Please give me something <u>to eat</u>.
  「何か食べるもの(＝<u>食べるための何か</u>)をください。」

原形不定詞

知覚動詞【▶ p.135】，**使役動詞**【▶ p.135】とともに使われる。

- ・I heard him <u>call</u> my name from far away.
  「私は彼が遠くで私の名前を呼ぶのを聞いた。」〔知覚動詞＋目的語＋原形不定詞〕

- ・My mother made me <u>go</u> to piano lessons.
  「母は私をピアノのけいこに行かせた。」〔使役動詞＋目的語＋原形不定詞〕

○ **動名詞**

動詞【▶ p.134】が形を変えて，**名詞**【▶ p.136】の働きをするようになった語。**動詞の ing 形**【▶ p.136，142】で，「～すること」の意味。動詞の ing 形 (現在分詞，動名詞) のつくり方▶ p.173

- ・We enjoyed <u>playing</u> soccer.
  「私たちはサッカーを<u>して</u>楽しんだ。」〔動詞の目的語〕

- ・<u>Having</u> a party is a lot of fun.
  「パーティーを<u>すること</u>はとても楽しい。」〔主語〕

- ・My hobby is <u>reading</u> books. 「私の趣味は本を<u>読むこと</u>だ。」〔補語〕

・Keith is good at doing *karate*.
「キースは空手を<u>する</u>のが得意だ。」〔前置詞の目的語〕

○比較

2つのものや3つ以上のものを比べるときの表現。原級，比較級，最上級の3つの級がある。比較級・最上級▶ p.176-177

◆原級

何も変化していない元のままの**形容詞**【▶ p.139】や**副詞**【▶ p.139】の形。

・I'm as <u>tall</u> as my mother. 「私は母と同じくらいの背の高さだ。」

◆比較級

2つのものを比べるときの形。原級に -er，-r，more がつく。

・I'm <u>taller</u> than my mother. 「私は母より背が高い。」

◆最上級

3つ以上のものを比べるときの形。原級に -est，-st，most がつく。

・I'm the <u>tallest</u> in my family. 「私は家族でいちばん背が高い。」

○受け身形

受け身形(受動態)

主語【▶ p.142】が「〜される」という受け身の意味を表す表現。〈**be 動詞＋過去分詞**〉の形。(**be 動詞**【▶ p.134】，**過去分詞**【▶ p.136】)

・Koalas <u>are loved</u> by everyone. 「コアラはみんなに<u>愛されている</u>。」

能動態

受け身形(受動態)【▶ p.152】に対して，**主語**【▶ p.142】が「〜する」という意味を表す表現。

・Everyone <u>loves</u> koalas. 「みんなはコアラを<u>愛している</u>。」

○後置修飾

後ろに置いた語句で**名詞**【▶ p.136】を修飾する表現。**形容詞句**【▶ p.144】，前置詞句，現在分詞句，過去分詞句，関係代名詞節などによる修飾がある。

・the way to the station

「駅への道」〔形容詞句〕

・the vase on the table

「テーブルの上の花びん」〔前置詞句〕

・the woman dancing on the stage

「舞台で踊っている女性」〔現在分詞句〕

・the language spoken in Brazil

「ブラジルで話されている言語」〔過去分詞句〕

・This is a book which I bought yesterday.

「これは私が昨日買った本だ。」〔関係代名詞節〕

○ 分詞構文

現在分詞【▶ p.136】か**過去分詞【▶ p.136】**を使って状況などの追加補足をする働きを持つ構文。現在分詞，過去分詞が**接続詞【▶ p.141】**と**動詞【▶ p.134, 142】**の働きを兼ねる。続く動作やできごとを表す，同時に起こる動作を表す，原因・理由・条件を表すなどさまざまな役割がある。

・Feeling happy, I smiled at her. 「うれしくて，私は彼女にほほえんだ。」〔理由〕

・Seen from the sky, the island looks very small.

「空から見ると，その島はとても小さく見える。」〔条件〕

○ 話法

直接話法

クォーテーションマーク【▶ p.133】を使って，発言をそのまま伝える表現。

・She said, "This is my favorite CD now."

「彼女は『これが今の私のお気に入りのCDです』と言った。」

間接話法

話す人が発言を言いかえて伝える表現。

文法用語・学習編　表現

153

- She said (that) that was her favorite CD then.
「彼女はそれがそのときの自分のお気に入りの CD だ，と言った。」

話法の転換

　直接話法【▶ p.153】の文から**間接話法【▶ p.153】**の文に書きかえるなど，話法を変えて書きかえることをいう。

○ 仮定法

事実とは違うことや可能性がとても低いことを，「もしこうだったら…なのに」と仮定する表現。仮定法過去，仮定法過去完了などがある。

◆ 仮定法過去

　現在の，実現性の低いことを想定する仮定法。〈If ＋**主語**＋**動詞**の**過去形** 〜，主語＋ would［could / should / might］＋動詞の**原形** 〜.〉の形。（**主語【▶ p.142】**，**動詞【▶ p.134, 142】**，**過去形【▶ p.135】**，**原形【▶ p.135】**）

- If you left home now, you would be in time for the train.
「今家を出れば，その電車に間に合うのに。」

◆ 仮定法過去完了

　実際に過去に起こったことがらや事実とは違うことを想定する仮定法。〈If ＋**主語**＋ had ＋**過去分詞【▶ p.136】** 〜，主語＋ would［could / should / might］＋ have ＋過去分詞 〜.〉の形。

- If I had studied hard, I could have passed the exam.
「一生懸命勉強していたら，試験に合格できただろうに。」

○ 構文

形式主語

　文の形を整えるために形式的に**主語【▶ p.142】**の位置に置かれる it のこと。〈It is ...（for 〜）to *do*〉の表現で使われる It などで，to *do* の内容を指し，「それは」とは訳さない。

意味上の主語

　不定詞【▶ p.150】，**動名詞【▶ p.151】**，**分詞構文【▶ p.153】**の意味的な**主語**

になるもの。〈It is ... (for 〜) to *do*〉の表現で使われる for 〜のことなどで，「〜にとって」「〜が」と to *do* の動作，状態などの主語を表す。

・It was difficult　for me　to sing well.
形式主語　　　　　　意味上の主語　to *do*
「私にとって上手に歌うことは難しかった。」

強調

文に語句を加えたり，語順を変えたりすることで，強調したい部分を際だたせる表現。

・I do want to finish this today.
「私は今日これを本当に終わらせたい。」〔一般動詞の強調〕

・It is this CD that I have wanted.
「私がずっとほしいと思っているのはこの CD だ。」〔強調構文〕

・Little did I dream that I would see him there.
「そこで彼に会うとは夢にも思わなかった。」〔否定語を文頭に置くことによる強調〕

倒置

強調【▶ p.155】や譲歩などの意味で，文中の語順が変わる表現。

・I heard the news only yesterday.

→ Only yesterday did I hear the news.〔強調のための倒置〕
「昨日になって初めてその知らせを聞いた。」

無生物主語（の文）

人や動物ではなく，ものごとが**主語**【▶ p.142】である文。

・The result made me happy.「その結果に私はうれしくなった。」

・The sign says the shop opens at 10 a.m.
「その看板には開店は午前 10 時だと書いてある。」

省略

語句の重複を避け，文を簡潔にするために，言わなくてもわかる語句を省略すること。

・This peach is good, but that one is not (good).
「このモモはおいしいが，あれはそうではない(＝おいしくない)。」

英語の書き方

○ アルファベット

英語には 26 個の文字があり，それらをアルファベットと言います。アルファベットには，大文字と小文字があり，活字体 (印刷用の書体)，ブロック体 (手書きの書体)，筆記体 (つなげて書く手書きの書体) などが主に使われます。

活字体		ブロック体		筆記体	
大文字	小文字	大文字	小文字	大文字	小文字
A	a				
B	b				
C	c				
D	d				
E	e				
F	f				
G	g				
H	h				
I	i				
J	j				
K	k				

活字体		ブロック体		筆記体	
大文字	小文字	大文字	小文字	大文字	小文字
L	l	L	I	$\mathcal{L}$	ℓ
M	m	M	m	$\mathcal{M}$	m
N	n	N	n	$\mathcal{N}$	n
O	o	O	o	$\mathcal{O}$	o
P	p	P	p	$\mathcal{P}$	p
Q	q	Q	q	$\mathcal{Q}$	q
R	r	R	r	$\mathcal{R}$	r
S	s	S	s	$\mathcal{S}$	s
T	t	T	t	$\mathcal{T}$	t
U	u	U	u	$\mathcal{U}$	u
V	v	V	v	$\mathcal{V}$	v
W	w	W	w	$\mathcal{W}$	w
X	x	X	x	$\mathcal{X}$	x
Y	y	Y	y	$\mathcal{Y}$	y
Z	z	Z	z	$\mathcal{Z}$	z

＊ここでは，代表的な書き順を掲載しています。

文法用語・学習編　学習

157

単語とは，文字（アルファベット）がいくつか集まって意味を持ったものです。以下のことに注意して書きます。

◆小文字で書く。
◆文字と文字の間をつめすぎない。

〈よい例〉　　　　　　〈悪い例①〉　　　　　　〈悪い例②〉

　　cat　　　　　　　　cat　　　　　　　　c a t

　　　　　　　　　間がつまりすぎている　　　間があきすぎている

◆以下の単語は，最初の文字を大文字にする。

・月：January「1月」　　　・曜日：Sunday「日曜日」
・国名：Japan「日本」　　　・地名：Kyoto「京都」
・人名：Kawagishi Ryoko「川岸良子」

＊名前は日本式に「名字＋名前」の順番でも，欧米式に「名前＋名字」の順番でもよい。

・I「私は[が]」，Mr.「（男性に対して）〜さん，〜先生」，
　Ms.「（女性に対して）〜さん，〜先生」などの決まった単語

文とは，英語の決まりに従って単語を並べて，ある意味を表すものです。以下のような決まりがあります。

◆文の意味に合わせて，〈主語＋動詞〜〉など，決まった順番に単語を並べる。
◆文の最初の文字は大文字で書く。
◆文の種類によって，ピリオド〈.〉，クエスチョンマーク〈?〉などの符号を使い分ける。

・肯定文・否定文：　　This is a cat. ←文の最後にピリオド〈.〉をつける

　　　　文の最初の文字は大文字　　　単語と単語の間は小文字1字分あける

・疑問文：　　　　　　　　Is this a cat? ←文の最後にクエスチョンマーク
　　　　　　　　　　　　　　　　　　　　　　　〈?〉をつける

文章の構成

英語の文章は,「導入」→「展開」→「結論」という構成になっているのが一般的です。

The importance of studying English
(英語を勉強する重要性)

❶ It is important for us to study English.
(私たちにとって英語を勉強することは重要です。)

❷ English is used in a lot of countries around the world. If we can speak English, we can talk with people from other countries. We can learn a lot of things about other countries, too.
(英語は,世界中の多くの国で使われています。もし英語を話すことができれば,私たちは他の国の人たちと話すことができます。他の国のこともたくさん学ぶことができます。)

❸ I think English is a good tool for making friends with people around the world.
(英語は世界中の人たちと友だちになるためのよい道具だと思います。)

---

❶導入(話題文)
話題(=これから自分が何について書こうとしているか)を,簡単に示す。

❷展開(本文,展開文)
❶で示した話題について,その内容を詳しく,具体的に書く。
❶の話題を,さらにいくつかの具体的な話題に分け,話題ごとに段落を変えると読みやすくなる。

❸結論(結び)
❶,❷で書いてきたことを要約して,自分の意見をまとめる。

文法用語・学習編

学習

作文やレポートを書いたり,長文を読んだりするときには,この流れを意識するとわかりやすくなります。

辞書の引き方

単語や熟語の意味を調べるとき，辞書（主に英和辞典）を使います。ここでは，基本的な辞書の引き方を紹介します。

◆ I walk my dog every day. の walk の意味を調べるとき

❶単語を引く
〈walk〉の載っているページを探す。
辞書では，単語［見出し語］はアルファベット順に並んでいます。
見出し語の横には，発音記号などが載っています。

❷品詞を見る
この〈walk〉に合う品詞を探す。
見出し語に複数の品詞がある場合は，品詞ごとに意味が載っています。横にはその変化形が載っています。動詞であれば，自動詞と他動詞の区別もされます。

❸意味を見る
この〈walk〉に該当する意味を探す。
意味と使い方［用例］が載っています。

⇒この〈walk〉は「（イヌ）を散歩させる」という意味だとわかります。

---

❶ **walk** [wɔːk] ← 発音記号 ↓変化形
──動 (3単現 walks [-s]；過去・過分 walked [-t]；現分 walking [-iŋ])
──自 **歩く；散歩する，歩いていく**
▶ Don't *walk* too fast. ← 用例
あんまり速く歩かないでくれ。
▶ They were *walking* along the path.
彼らは小道を散歩していました。
▶ I *walk* to school.
❷ 私は歩いて通学しています。
──他 **…を歩かせる；…を連れて歩く，…を散歩させる** ❸
▶ I'll *walk* you to the bus stop.
バス停まで歩いてお送りしましょう。
──名 (複数 walks [-s]) Ⓒ
❶**歩くこと，歩行；散歩**
▶ Let's go for a *walk*.
散歩に行こう。
▶ I often take a *walk* in the park.
私はよく公園を散歩します。
❷**歩く距離，道のり**
▶ The school is a five-minute *walk* from here.
学校はここから歩いて5分です。
❸**散歩道，遊歩道；歩道**
❹**《野球》四球で出塁すること**

in a walk やすやすと ← 熟語

熟語
見出し語を使った熟語は，「意味・用例」のあとに載っています。

日記の書き方

日記の書き方に決まった形はありません。自由に思ったことを書けばよいのですが，慣習的な決まり事がいくつかあります。

日付　右上に書く。「曜日・月・日（・年）」の順番に書くことが多い。天気について書くこともある。

Sunday, June 23　sunny

（6月23日 日曜日 晴れ）

In the afternoon, I went shopping
❶したことや思ったこと
with my mother.　I bought a nice

hat for my father.　Next Sunday is

his birthday.　My mother will make

a special dinner next Sunday.
❷これからのこと
I can't wait!　I hope our presents
❸今の気持ち
will make him happy.

（午後，私はお母さんと買い物に行ったの。お父さんのためにすてきな帽子を買ったのよ。次の日曜日が誕生日なの。お母さんが次の日曜日に特別な夕食を作るの。待ちきれないわ！　プレゼント，お父さんが喜んでくれるといいな。）

本文
日記には自分のことを書くので，I「私は[が]」で始める文が基本。

❶過去の出来事なので，動詞は過去形にする。時間の流れに沿って順番に書いていくのがふつう。

❷未来のことなので，will や be going to を使う。

❸I can't wait!「待ちきれません！」や I was happy.「うれしかったです。」のように，自分の考えや気持ちを表す文を書く。

日記形式の長文を読むときには，これらのことを知っておくと文章が頭に入りやすくなります。

スピーチのつくり方

○構成

スピーチは，一般的に「序論」，「本論」，「結論」の3つで構成されます。

> ❶ Do you have a dream? I have a lot of dreams.
> （あなたには夢がありますか。私にはたくさんの夢があります。）
>
> ❷ First, I have a lot of hobbies. I like playing tennis, singing songs, taking care of my dog, taking pictures .... I can't choose only one!
> （第1に，私には趣味がたくさんあります。テニスをすること，歌を歌うこと，イヌの世話をすること，写真を撮ること…。1つだけを選ぶことなんてできません！）
>
> Second, I know there are many things I haven't seen in the world. I want to go to a lot of places and experience different things. （2番目に，私は自分が見たことのないものが世界にたくさんあることを知っています。たくさんの場所へ行ってみたいし，様々なことを経験してみたいと思います。）
>
> ❸ I have a lot of dreams now and I want more! Thank you. （私には今，たくさんの夢がありますし，もっとほしいと思っています！　ありがとうございました。）

❶序論　スピーチ全体の話題を示す。聞き手の関心を引きつける言い方にする。

❷本論　話題に関する情報や自分の考えを示す。❶の理由や補足など。

❸結論　❷を簡潔にまとめたり，❶を再度強調してくり返したりする。

○つくり方とポイント

◆ 自分のスピーチの構成（序論・本論・結論）を頭に入れておく。

◆ 話し始めの序論では，聞き手に向けて問いかけるなど，言い方を工夫して聞き手の関心を引きつける。

◆ 大きな声でゆっくり話す。最初から最後まで同じ調子にならないように，抑揚をつけるとよい。

◆ 聞き手のほうに視線を向け，堂々と話す。スピーチ原稿や一点のみを見るのではなく，聞き手全体を見るようにする。

資料編

単熟語・表現編

文法用語・学習編

資料編

付録 さくいん

発音記号

◆ 母音*の発音　*[i] [e] [æ]などのようにくちびるや舌などで声がさえ
ぎられずにできる音。

① 短母音*の発音　*短い母音

発音記号	発音のしかた	例
[i]	「イ」と「エ」の間くらいの音。	**fish** [fiʃ]「魚」
[e]	「エ」より少しはっきり発音する。	**egg** [eg]「卵」
[æ]	口の形は「エ」で「ア」と発音する。	**cap** [kæp]「帽子」
[ɑ]	口を大きく開け，奥のほうから「ア」と発音する。	**ox** [ɑ(:)ks]「雄牛」
[ʌ]	口を少し開いて，短く「ア」と発音する。	**love** [lʌv]「愛する」
[ə]	口を少し開いて，弱く「ア」と発音する。	**above** [əbʌ́v]「…の上方に」
[u]	くちびるを丸めて「ウ」と発音する。	**book** [buk]「本」

② 長母音*の発音　*長い母音

発音記号	発音のしかた	例
[iː]	くちびるを左右に引いて，はっきり「イー」と発音する。	**eat** [iːt]「食べる」
[ɑːr]	口を大きく開け，奥のほうから「アー」と発音する。	**art** [ɑːrt]「美術」

[əːr]	口を少し開いて，「アー」と発音する。	**girl** [gəːrl]「女の子」
[ɔːr]	口を大きく開き，くちびるを丸めて「オー」と発音する。	**horse** [hɔːrs]「馬」
[uː]	くちびるを丸めてはっきり「ウー」と発音する。	**moon** [muːn]「月」

③　二重母音*の発音　*母音が2つつながっているもの

発音記号	発音のしかた	例
[ei]	はっきりとした「エ」+弱い「イ」。	**May** [mei]「5月」
[ai]	はっきりとした「ア」+弱い「イ」。	**eye** [ai]「目」
[ɔi]	くちびるを丸めてはっきりとした「オ」+弱い「イ」。	**boy** [bɔi]「男の子」
[au]	はっきりとした「ア」+くちびるを丸めた弱い「ウ」。	**now** [nau]「今」
[ou]	くちびるを丸めた「オ」+くちびるを丸めた弱い「ウ」。	**coat** [kout]「コート」
[iər]	はっきりとした「イ」+口を少し開いた弱い「ア」。	**ear** [iər]「耳」
[eər]	「エ」に近い「イ」+口を少し開いた弱い「ア」。	**bear** [beər]「クマ」
[uər]	くちびるを丸めた「ウ」+口を少し開いた弱い「ア」。	**your** [juər]「あなたの」

資料編

◆ **子音*の発音** ＊母音以外の，くちびるや舌などで息や声がさえぎられ

てできる音。息だけでつくる無声音と，声を出してつくる有声音がある。

無...無声音 有...有声音

発音記号	発音のしかた	例
[p] 無	くちびるをいったん閉じ，そのあと強く息を出すのが [p]，声を出すのが [b]。	**pen** [pen]「ペン」
[b] 有		**blue** [bluː]「青」
[t] 無	舌の先を上の歯ぐきにつけて閉じ，そのあと強く息を出すのが [t]，声を出すのが [d]。	**night** [nait]「夜」
[d] 有		**day** [dei]「日」
[k] 無	舌の奥を上につけて閉じ，そのあと強く息を出すのが [k]，声を出すのが [g]。	**key** [kiː]「鍵」
[g] 有		**bag** [bæg]「かばん」
[f] 無	上の歯を下くちびるに軽く当てて息を出すのが [f]，声を出すのが [v]。	**face** [feis]「顔」
[v] 有		**very** [véri]「とても」
[s] 無	舌の前を上の歯ぐきに近づけて息を出すのが [s]，声を出すのが [z]。	**say** [sei]「言う」
[z] 有		**zoo** [zuː]「動物園」
[θ] 無	舌先を上の歯の先に軽く当てて息を出すのが [θ]，声を出すのが [ð]。	**mouth** [mauθ]「口」
[ð] 有		**they** [ðei]「彼らは[が]」

[ʃ] (無)	くちびるを前に出しながら丸め，舌の前を上の歯ぐきに近づけて息を出すのが [ʃ]，声を出すのが [ʒ]。	**ship** [ʃip] 「船」
[ʒ] (有)		**measure** [méʒər] 「計る」
[h] (無)	のどの奥から息を出す。	**behind** [biháind] 「～の後ろに」
[tʃ] (無)	舌の前を上の歯ぐきにつけ，少しだけ離して息を出すのが [tʃ]，声を出すのが [dʒ]。	**chair** [tʃeər] 「いす」
[dʒ] (有)		**bridge** [bridʒ] 「橋」
[m] (有)	くちびるを閉じたまま鼻から声を出す。	**some** [sʌm] 「いくつかの」
[n] (有)	舌の先を上の歯ぐきにつけたまま鼻から声を出す。	**sun** [sʌn] 「太陽」
[ŋ] (有)	舌の奥を上につけたまま鼻から声を出す。	**young** [jʌŋ] 「若い」
[l] (有)	舌の先を上の歯ぐきにつけて，舌の両横を開けて声を出す。	**look** [luk] 「見る」
[r] (有)	舌の先をそらせながら上の歯ぐきに近づけて声を出す。	**red** [red] 「赤」
[j] (有)	舌の前を歯ぐきのやや後ろのほうに近づけて声を出す。	**yes** [jes] 「はい（肯定の回答）」
[w] (有)	くちびるを丸めながら舌の奥を上に近づけて声を出す。	**world** [wəːrld] 「世界」

資料編

ローマ字（ヘボン式）の書き方

	a	i	u	e	o			
	a ア	i イ	u ウ	e エ	o オ			
k	ka カ	ki キ	ku ク	ke ケ	ko コ	kya キャ	kyu キュ	kyo キョ
s	sa サ	shi シ	su ス	se セ	so ソ	sha シャ	shu シュ	sho ショ
t	ta タ	chi チ	tsu ツ	te テ	to ト	cha チャ	chu チュ	cho チョ
n	na ナ	ni ニ	nu ヌ	ne ネ	no ノ	nya ニャ	nyu ニュ	nyo ニョ
h	ha ハ	hi ヒ	fu フ	he ヘ	ho ホ	hya ヒャ	hyu ヒュ	hyo ヒョ
m	ma マ	mi ミ	mu ム	me メ	mo モ	mya ミャ	myu ミュ	myo ミョ
y	ya ヤ	—	yu ユ	—	yo ヨ			
r	ra ラ	ri リ	ru ル	re レ	ro ロ	rya リャ	ryu リュ	ryo リョ
w	wa ワ	—	—	—	—			
n	n ン	—	—	—	—			
g	ga ガ	gi ギ	gu グ	ge ゲ	go ゴ	gya ギャ	gyu ギュ	gyo ギョ
z	za ザ	ji ジ	zu ズ	ze ゼ	zo ゾ	ja ジャ	ju ジュ	jo ジョ
d	da ダ	ji ヂ	zu ヅ	de デ	do ド			
b	ba バ	bi ビ	bu ブ	be ベ	bo ボ	bya ビャ	byu ビュ	byo ビョ
p	pa パ	pi ピ	pu プ	pe ペ	po ポ	pya ピャ	pyu ピュ	pyo ピョ

・はねる音（ん）は，b，m，p の前では m を使う。tempura「てんぷら」
・つまる音（っ）は，その次の文字を重ねて表す。natto「納豆（なっとう）」
・つまる音の次に ch がくるときは，t となる。nitchoku「日直」
・のばす音でも，ˉ や ^ の符号は使わないのが一般的。Tokyo「東京」

短縮形

◆ 主語＋be動詞／will, would ／have[has], had

	I	we	you	they	he	she	it	that
be動詞	**I'm** (I am)	**we're** (we are)	**you're** (you are)	**they're** (they are)	**he's** (he is)	**she's** (she is)	**it's** (it is)	**that's** (that is)
will	**I'll**	**we'll**	**you'll**	**they'll**	**he'll**	**she'll**	**it'll**	**that'll**
would	**I'd**	**we'd**	**you'd**	**they'd**	**he'd**	**she'd**	**it'd**	—
have **[has]**	**I've**	**we've**	**you've**	**they've**	**he's**	**she's**	**it's**	**that's**
had	**I'd**	**we'd**	**you'd**	**they'd**	**he'd**	**she'd**	**it'd**	—

◆ 疑問詞＋is ／will

	what	where	when	who	how
is	**what's**	**where's**	**when's**	**who's**	**how's**
will	**what'll**	—	—	**who'll**	—

◆ be動詞＋not

	am	is	are	was	were
not	—	**isn't**	**aren't**	**wasn't**	**weren't**

◆ 助動詞＋not

	will	would	can	could	should	must
not	**won't**	**wouldn't**	**can't**	**couldn't**	**shouldn't**	**mustn't**

◆ do, does, did ／have, has, had＋not

	do	does	did	have	has	had
not	**don't**	**doesn't**	**didn't**	**haven't**	**hasn't**	**hadn't**

名詞の複数形

◆ 規則的に変化するもの

名詞の語尾	つくり方	例
下記以外	語尾に -s をつける	・**book** → **book**s「本」 ・**boy** → **boy**s「少年」
s, x, sh, ch	語尾に -es をつける	・**bus** → **bus**es「バス」 ・**box** → **box**es「箱」 ・**bush** → **bush**es「茂み」 ・**church** → **church**es「教会」
o	語尾に -es か -s をつける	・**tomato** → **tomato**es「トマト」 ・**piano** → **piano**s「ピアノ」
子音字+ y	語尾の y を i に変えて -es をつける	・**baby** → **bab**ies「赤ちゃん」
f, fe	語尾の f, fe を ves に変える	・**leaf** → **lea**ves「葉」 ・**life** → **li**ves「命」

＊s, es の発音は，語尾の発音が [s][z][ʃ][tʃ][ʒ][dʒ] なら [iz]，[f][k][p][t][θ] なら [s]，それ以外なら [z]。

◆ 不規則に変化するもの

・**foot** → feet [fi:t]「足」　　　　　　・**tooth** → teeth [ti:θ]「歯」

・**goose** → geese [gi:s]「ガチョウ」　・**mouse** → mice [mais]「ネズミ」

・**ox** → oxen [ɑ́(:)ks(ə)n]「雄牛」　　・**child** → children [tʃíldr(ə)n]「子ども」

・**man** → men [men]「男性」　　　　・**woman** → women [wímin]「女性」

◆ 単数と複数で形が変わらないもの

・**deer** → deer [diər]「シカ」　　　　・**sheep** → sheep [ʃi:p]「ヒツジ」

・**carp** → carp [kɑ:rp]「鯉」　　　　・**fish** → fish [fiʃ]「魚」

　＊ carp も fish も，種類を言うときは carps, fishes と規則的に変化する。

・**Japanese** → Japanese [dʒæpəní:z]「日本人」

・**Chinese** → Chinese [tʃàiní:z]「中国人」＊語尾が -ese で終わる国民名は単複同形。

不可算名詞とものの数え方

◆ 不可算名詞 (数えられない名詞) の種類

不可算名詞の種類	特徴	例
固有名詞	特定の人，場所，言語，月，曜日などの名前	**Ken**「ケン」，**Japan**「日本」，**English**「英語」，**January**「1月」，**Sunday**「日曜日」など
物質名詞	一定の形をもたない物質の名前	**milk**「牛乳」，**coffee**「コーヒー」，**chalk**「チョーク」，**snow**「雪」，**paper**「紙」など
抽象名詞	目に見えないものの性質や状態	**love**「愛」，**peace**「平和」，**health**「健康」など

＊固有名詞は「1つしかないものの名前」なので複数にはならないが，on Sundays「(毎週)日曜日に」のように，状況によっては複数で表現することもある。

◆ 主な不可算名詞の量の表し方
物質名詞は，単位を表す普通名詞(数えられる名詞)を使って量を表す。

表し方	意味	例
... bottle(s) of 〜	…びんの〜	a bottle of **wine**「1びんのワイン」
... cup(s) of 〜	(カップ)…杯の〜	a cup of **coffee**「1杯のコーヒー」
... glass(es) of 〜	(グラス)…杯の〜	a glass of **water**「1杯の水」
... pair(s) of 〜	…組の〜	two pairs of **shoes**「2組の靴」
... piece(s) of 〜	…枚[個]の〜	five pieces of **paper**「5枚の紙」
... slice(s) of 〜	…切れの〜	a slice of **bread**「1切れの食パン」

＊ some, much, a lot of 〜などを使って，不定の量を表すこともできる。
＊ some, much, a lot of 〜は抽象名詞にも使うことができる。

人称代名詞

◆ 人称代名詞の格変化…主格，所有格，目的格の3つの格がある。

	単数			複数		
	主格 (〜は[が])	所有格 (〜の)	目的格 (〜を[に])	主格 (〜は[が])	所有格 (〜の)	目的格 (〜を[に])
1人称	I	my	me	we	our	us
2人称	you	your	you	you	your	you
3人称	he	his	him	they	their	them
	she	her	her			
	it	its	it			

◆ 所有代名詞…「〜のもの」の意味を表す。

	単数	所有代名詞	複数	所有代名詞
1人称	I	mine	we	ours
2人称	you	yours	you	yours
3人称	he	his	they	theirs
	she	hers		
	it	—		

◆ 再帰代名詞…「〜自身」の意味を表す。

	単数	再帰代名詞	複数	再帰代名詞
1人称	I	myself	we	ourselves
2人称	you	yourself	you	yourselves
3人称	he	himself	they	themselves
	she	herself		
	it	itself		

動詞の３人称単数現在形・動詞の ing 形

◆ 動詞の３人称単数現在形のつくり方

動詞の原形の語尾	つくり方	例
下記以外	語尾に -s をつける	・**like** → **likes**「好きだ」 ・**want** → **wants**「ほしい」
s, o, x, sh, ch	語尾に -es をつける	・**pass** → **passes**「通る」 ・**go** → **goes**「行く」 ・**fix** → **fixes**「修理する」 ・**wash** → **washes**「洗う」 ・**teach** → **teaches**「教える」
子音字＋ **y**	語尾の **y** を **i** に変えて -es をつける	・**study** → **studies**「勉強する」
不規則に変化するもの	**have** のみ	・**have** → **has**「持っている」

＊s, es の発音は，語尾の発音が[s][z][ʃ][tʃ][ʒ][dʒ]なら[iz]，[f][k][p][t][θ]なら[s]，それ以外なら[z]。

◆ 動詞の ing 形（現在分詞，動名詞）のつくり方

動詞の原形の語尾	つくり方	例
下記以外	語尾に -ing をつける	・**talk** → **talking**「話す」
e	語尾の **e** をとって -ing をつける	・**write** → **writing**「書く」
ie	語尾の **ie** を **y** に変えて -ing をつける	・**die** → **dying**「死ぬ」
短母音＋子音字	最後の子音字を重ねて -ing をつける	・**shut** → **shutting**「閉める」

動詞の過去形・過去分詞

◆ 規則的に変化するもの

動詞の原形の語尾	つくり方	例
下記以外	語尾に -ed をつける	・visit → visited「訪れる」
e	語尾に -d をつける	・use → used「使う」
子音字+ y	語尾の y を i に変えて -ed をつける	・try → tried「試す」
短母音+子音字	子音字を重ねて -ed をつける	・stop → stopped「やめる」

＊ ed, d の発音は，語尾の発音が[b][g][l][m][n][ŋ][r][ð][v][z][ʒ][dʒ]か母音なら[d]，[f][k][p][s][θ][ʃ][tʃ]なら[t]，[d][t]なら[id]。

◆ 不規則に変化するもの

① A・A・A型（原形・過去形・過去分詞がすべて同じ形）の例

原形	過去形	過去分詞
cut「切る」	cut [kʌt]	cut [kʌt]
put「置く」	put [put]	put [put]
read「読む」	read [red]	read [red]

② A・B・A型（原形・過去分詞が同じ形）の例

原形	過去形	過去分詞
become「…になる」	became [bikéim]	become [bikʌ́m]
come「来る」	came [keim]	come [kʌm]
run「走る」	ran [ræn]	run [rʌn]

③ A・B・B型（過去形・過去分詞が同じ形）の例

原形	過去形	過去分詞
bring「持ってくる」	brought [brɔːt]	brought [brɔːt]
build「建てる」	built [bilt]	built [bilt]
buy「買う」	bought [bɔːt]	bought [bɔːt]
catch「つかまえる」	caught [kɔːt]	caught [kɔːt]
feel「感じる」	felt [felt]	felt [felt]
find「見つける」	found [faund]	found [faund]

hear「聞く」	**heard** [hə:rd]	**heard** [hə:rd]
keep「保つ」	**kept** [kept]	**kept** [kept]
leave「出発する」	**left** [left]	**left** [left]
lose「失う」	**lost** [lɔ(:)st]	**lost** [lɔ(:)st]
make「つくる」	**made** [meid]	**made** [meid]
meet「会う」	**met** [met]	**met** [met]
say「言う」	**said** [sed]	**said** [sed]
send「送る」	**sent** [sent]	**sent** [sent]
sit「座る」	**sat** [sæt]	**sat** [sæt]
teach「教える」	**taught** [tɔ:t]	**taught** [tɔ:t]
tell「話す」	**told** [tould]	**told** [tould]
think「思う」	**thought** [θɔ:t]	**thought** [θɔ:t]
understand「理解する」	**understood** [ʌndərstúd]	**understood** [ʌndərstúd]

④　A・B・C型（原形・過去形・過去分詞がすべて違う形）の例

原形	過去形	過去分詞
begin「始める」	**began** [bigǽn]	**begun** [bigʌ́n]
break「壊す」	**broke** [brouk]	**broken** [bróuk(ə)n]
draw「描く」	**drew** [dru:]	**drawn** [drɔ:n]
drink「飲む」	**drank** [dræŋk]	**drunk** [drʌŋk]
eat「食べる」	**ate** [eit]	**eaten** [í:t(ə)n]
give「与える」	**gave** [geiv]	**given** [gív(ə)n]
go「行く」	**went** [went]	**gone** [gɔ(:)n]
grow「育てる」	**grew** [gru:]	**grown** [groun]
know「知っている」	**knew** [nu:]	**known** [noun]
see「見る」	**saw** [sɔ:]	**seen** [si:n]
sing「歌う」	**sang** [sæŋ]	**sung** [sʌŋ]
speak「話す」	**spoke** [spouk]	**spoken** [spóuk(ə)n]
swim「泳ぐ」	**swam** [swæm]	**swum** [swʌm]
take「とる」	**took** [tuk]	**taken** [téik(ə)n]
write「書く」	**wrote** [rout]	**written** [rít(ə)n]

比較級・最上級

◆ 規則的に変化するもの

① 比較級

形容詞・副詞の原級	つくり方	例
下記以外	語尾に -er をつける	・**cold**→**colder**「寒い」 ・**fast**→**faster**「速く」 ・**few**→**fewer**「少しの」 ・**hard**→**harder**「熱心に」 ・**small**→**smaller**「小さい」 ・**tall**→**taller**「背が高い」 ・**young**→**younger**「若い」
語尾が **e**	語尾に -r をつける	・**large**→**larger**「広い」 ・**nice**→**nicer**「よい」
語尾が〈子音字+ **y**〉	語尾の y を i に変えて -er をつける	・**busy**→**busier**「忙しい」 ・**early**→**earlier**「早く」
語尾が〈短母音+子音字〉	子音字を重ねて -er をつける	・**big**→**bigger**「大きい」
比較的つづりの長い語	前に more をつける	・**beautiful**→more **beautiful**「美しい」 ・**careful**→more **careful**「注意深い」 ・**important**→more **important**「重要な」 ・**interesting**→more **interesting**「おもしろい」 ・**useful**→more **useful**「役に立つ」

176

② 最上級

形容詞・副詞の原級	つくり方	例
下記以外	語尾に -est をつける	・**high**→**high**est「高い」 ・**long**→**long**est「長い」 ・**old**→**old**est「古い」
語尾が **e**	語尾に -st をつける	・**late**→**late**st「遅い」
語尾が〈子音字+ **y**〉	語尾の **y** を i に変えて -est をつける	・**easy**→**eas**iest「簡単な」 ・**happy**→**happ**iest「幸せな」
語尾が〈短母音+子音字〉	子音字を重ねて -est をつける	・**hot**→**hot**test「暑い」
比較的つづりの長い語	前に most をつける	・**difficult**→most **difficult**「難しい」 ・**exciting**→most **exciting**「わくわくさせる」 ・**famous**→most **famous**「有名な」 ・**popular**→most **popular**「人気のある」

◆ 不規則に変化するもの

形容詞・副詞の原級	比較級	最上級
bad「悪い」	**worse** [wə:rs]	**worst** [wə:rst]
good「よい」 **well**「よく」	**better** [bétər]	**best** [best]
little「小さい」「少量の」	**less** [les]	**least** [li:st]
many「(数が)多くの」 **much**「(量が)多くの」	**more** [mɔ:r]	**most** [moust]

同意語・類義語，反意語・対語，同音異義語

◆ 同意語・類義語…同じ意味・似た意味の異なる語

同意語・類義語			意味
answer	≒	**reply**	答える
begin	≒	**start**	始まる
big	≒	**large**	大きい
difficult	≒	**hard**	難しい
happy	≒	**glad**	うれしい
kind	≒	**nice**	親切な
leave	≒	**start**	出発する

◆ 反意語・対語…反対の意味や対になる意味の語

① 動詞

ask「たずねる」	⇔	**answer**「答える」
buy「買う」	⇔	**sell**「売る」
catch「(乗り物に)間に合う」	⇔	**miss**「(乗り物に)乗り遅れる」
go「行く」	⇔	**come**「来る」
leave「出発する」	⇔	**arrive**「到着する」
live「生きる」	⇔	**die**「死ぬ」
open「開ける」	⇔	**close / shut**「閉じる」
remember「思い出す」	⇔	**forget**「忘れる」
stand「立つ」	⇔	**sit**「座る」
win「勝つ」	⇔	**lose**「負ける」

② 形容詞

big / large「大きい」	⇔	**little / small**「小さい」
clean「清潔な」	⇔	**dirty**「汚い」
cold「寒い」	⇔	**hot**「暑い」
dark「暗い」	⇔	**light**「明るい」

different 「異なった」	⇔	**same** 「同じ」
expensive 「高価な」	⇔	**cheap** 「安価な」
fast 「速い」	⇔	**slow** 「遅い」
first 「最初の」	⇔	**last** 「最後の」
glad / happy 「うれしい」	⇔	**sad** 「悲しい」
good 「よい」	⇔	**bad** 「悪い」
hard / difficult 「難しい」	⇔	**easy** 「簡単な」
heavy 「重い」	⇔	**light** 「軽い」
high 「高い」	⇔	**low** 「低い」
late 「遅い」	⇔	**early** 「早い」
long 「長い」	⇔	**short** 「短い」
lucky 「幸運な」	⇔	**unlucky** 「不運な」
new 「新しい」	⇔	**old** 「古い」
old 「年をとった」	⇔	**young** 「若い」
quiet 「静かな」	⇔	**noisy** 「騒がしい」
right 「正しい」	⇔	**wrong** 「間違った」
soft 「やわらかい」	⇔	**hard** 「固い」
strong 「強い」	⇔	**weak** 「弱い」
tall 「背が高い」	⇔	**short** 「背が低い」
thick 「厚い」	⇔	**thin** 「薄い」
warm 「暖かい」	⇔	**cool** 「涼しい」
wet 「湿った」	⇔	**dry** 「乾いた」
wide 「(幅が)広い」	⇔	**narrow** 「(幅が)狭い」

③ 前置詞・副詞

before 「…の前に」	⇔	**after** 「…のあとに」
near 「近くに」	⇔	**far** 「遠くに」
over 「…の上に」	⇔	**under** 「…の下に」
quickly 「すばやく」	⇔	**slowly** 「ゆっくりと」
up 「上へ[に]」	⇔	**down** 「下へ[に]」

④ 名詞

boy「男の子」	⇔	**girl**「女の子」
brother「兄[弟]」	⇔	**sister**「姉[妹]」
day「昼間」	⇔	**night**「夜」
father「父」	⇔	**mother**「母」
husband「夫」	⇔	**wife**「妻」
land「陸地」	⇔	**sea**「海」
man「男性」	⇔	**woman**「女性」
right「右」	⇔	**left**「左」
summer「夏」	⇔	**winter**「冬」
uncle「おじ」	⇔	**aunt**「おば」

◆ 同音異義語…つづりは異なるが，発音が同じ語

[ai]	**I**「私は[が]」	**eye**「目」
[si:]	**see**「見る」	**sea**「海」
[nou]	**know**「知っている」	**no**「いいえ(否定の回答)」
[ðeər]	**their**「彼らの」	**there**「そこに」
[tu:]	**too**「…もまた」	**two**「(数字の)2」
[hiər]	**here**「ここに」	**hear**「聞く」
[áuər]	**our**「私たちの」	**hour**「時間」
[rait]	**write**「書く」	**right**「右」「正しい」
[nu:]	**new**「新しい」	**knew**「know の過去形」
[wi:k]	**week**「週」	**weak**「弱い」
[mi:t]	**meet**「会う」	**meat**「肉」
[weit]	**wait**「待つ」	**weight**「重さ」
[θru:]	**through**「…を通して」	**threw**「throw の過去形」
[fláuər]	**flower**「花」	**flour**「小麦粉」
[diər]	**dear**「親愛なる」	**deer**「シカ」
[pi:s]	**piece**「一切れ」	**peace**「平和」
[sʌn]	**sun**「太陽」	**son**「息子」
[red]	**red**「赤い」	**read**「read の過去形・過去分詞」

前置詞

◆ 場所を表す前置詞

前置詞	意味	前置詞	意味
on①	…の上に	**about**	…のあちこちを[に]
in②	…の中に	**around**⑩	…のまわりを[に]
at	…に	**into**⑪	…の中へ
above③ / **over**④	…の上方に ＊above は上のほうを広く直線的に飛び越える感じ。over は覆いかぶさるように飛び越える感じを表す。	**out of ...**⑫	…から(外へ) ＊外へ出る動きを表す。
below	…の下方に	**behind**	…の後ろに
under⑤	…の下に	**in front of ...**	…の前に
beside / by⑥ **/ near**	…のそばに ＊near よりも beside, by のほうがより近い感じを表す。	**across**⑬	…を横切って
up	…の上へ	**through**⑭	…を通り抜けて
down	…の下へ	**from**	…から ＊出発点を示す。
along⑦	…に沿って	**to**	…へ ＊目的地を示す。
between⑧	(2つの)間に[で]	**for**	…に向けて ＊方向を示す。
among⑨	(3つ以上の)間に[で]	**before**	…の前に

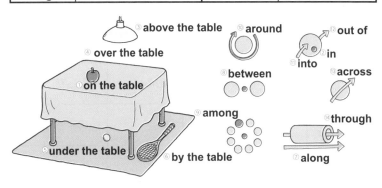

③ above the table　⑩ around　⑫ out of

④ over the table　⑪ into　in

① on the table　⑧ between　⑬ across

⑨ among

⑤ under the table　⑥ by the table　⑭ through　⑦ along

◆ 時を表す前置詞

前置詞	意味	前置詞	意味
in	…に *季節・月・年などに用いる。	**after**	…のあとに
on	…に *特定の日時・曜日などに用いる。	**past / after**	…過ぎ *時刻について用いる。
at	…に *時刻・昼や夜などの時の一点に用いる。	**for**	…の間
by	…までに(は) *期限を表す。	**during**	…の間に *特定の期間を表す。
until[till]	…まで(ずっと) *継続を表す。	**through**	…の間じゅう
from	…から *時の出発点を表す。	**in**	(今から)…後に *経過を表す。
since	…から *過去からの継続を表す。	**within**	…以内に
before	…の前に		

◆ その他の前置詞

前置詞	意味	前置詞	意味
by	①…で *交通手段を表す。 ②…によって *判断の根拠を表す。 ③…を単位として ④…によって *受け身の文で用いられ,動作の主体を表す。	**in**	…で
		for	①…のために ②…にとって
		without	…なしで
with	①…を使って *道具を示す。 ②…を持っている ③…に関して	**like**	…のように
		as	…として

付録

単熟語・表現編

文法用語・学習編

資料編

付録

さくいん

日本の祝日

月	祝日	
1月	元日	**New Year's Day** [nù: jiərz déi]
	成人の日	**Coming-of-Age Day** [kʌ́miŋ ɔv eidʒ dei]
2月	建国記念の日	**National Foundation Day** [nǽʃ(ə)n(ə)l faundéiʃ(ə)n dei]
3月	春分の日	**Vernal Equinox Day** [vəːrn(ə)l ékwinà(:)ks dei]
4月	昭和の日	**Showa Day**
5月	憲法記念日	**Constitution Day** [kà(:)nstətúːʃ(ə)n dei]
	みどりの日	**Greenery Day** [gríːn(ə)ri dei]
	こどもの日	**Children's Day** [tʃíldr(ə)nz dei]
7月	海の日	**Marine Day** [məríːn dei]
9月	敬老の日	**Respect-for-the-Aged Day** [rispékt fɔːr ði eidʒd dei]
	秋分の日	**Autumnal Equinox Day** [ɔːtʌ́mn(ə)l ékwinà(:)ks dei]
10月	体育の日	**Health-Sports Day** [helθ spɔːrts dei]
11月	文化の日	**Culture Day** [kʌ́ltʃər dei]
	勤労感謝の日	**Labor Thanksgiving Day** [léibər θæŋksgíviŋ dei]
12月	天皇誕生日	**The Emperor's Birthday** [ði émp(ə)rərz bə́ːrθdei]

学校行事

入学式
entrance ceremony
[éntr(ə)ns sèrəmouni]

健康診断
medical checkup
[mèdik(ə)l tʃékʌp]

ボランティア活動
volunteer activities
[và(:)ləntíər æktívətiz]

合唱コンテスト
chorus contest
[kɔ́:rəs ká(:)ntest]

文化祭（学園祭）
school festival
[skú:l fèstiv(ə)l]

運動会
sports day
[spɔ́:rts dei]

修学旅行
school trip
[skú:l trip]

マラソン大会
marathon race
[mǽrəθà(:)n reis]

卒業式
graduation ceremony
[grædʒuéiʃ(ə)n sèrəmouni]

ことわざ

日本のことわざとよく似た内容の表現が英語にもあります。

◆ **案ずるより産むがやすし**
  ⇒ Fear is often worse than the danger itself.
  (不安は危険そのものより悪いことが多い。)

◆ **急がば回れ**
  ⇒ Haste makes waste.
  (急ぐとむだが生じる。)

◆ **一石二鳥**
  ⇒ Kill two birds with one stone.
  (1つの石で2羽の鳥を殺す。)

◆ **光陰矢のごとし**
  ⇒ Time flies.
  (時間は飛ぶように過ぎる。)

◆ **郷に入っては郷に従え**
  ⇒ When in Rome, do as the Romans do.
  (ローマにいるときは，ローマ人がするようにしなさい。)

◆ **三人寄れば文殊の知恵**
  ⇒ Two heads are better than one.
  (1つより2つの頭のほうがよい。)

◆ **少年老い易く，学成り難し**
  ⇒ Art is long, life is short.
  (芸術は長く，人生は短い。)

◆ **船頭多くして船山に上る**
  ⇒ Too many cooks spoil the broth.
  (コックが多すぎるとスープがだめになる。)

◆ 鉄は熱いうちに打て

⇒ Strike while the iron is hot.

（鉄が熱い間に打て。）

◆ とらぬタヌキの皮算用

⇒ Don't count your chickens before they are hatched.

（たまごがかえる前にニワトリを数えるな。）

◆ 習うより慣れろ

⇒ Practice makes perfect.

（練習は完璧をもたらす。）

◆ 花より団子

⇒ Bread is better than the songs of birds.

（鳥の歌よりパンのほうがよい。）

◆ 早起きは三文の得

⇒ The early bird catches the worm.

（早起きの鳥は虫を捕まえる。）

◆ 百聞は一見に如かず

⇒ Seeing is believing.

（見ることは信じることである。）

◆ 覆水盆に返らず

⇒ There is no use crying over spilt milk.

（こぼれたミルクを嘆いてもむだだ。）

◆ まさかの友こそ真の友

⇒ A friend in need is a friend indeed.

（必要なときの友人は本当の友人だ。）

◆ 悪銭身につかず

⇒ Easy come, easy go.

（簡単に入ってくるものは簡単に出て行く。）

◆ 一を聞いて十を知る

⇒ A word is enough to the wise.

（賢者には一言で足りる。）

カタカナ語

日常の会話や文章の中で使われるカタカナ語はたくさんあります。発音やアクセントが，英語とは違うものがあるので注意しましょう。

◆ 発音が大きく異なるもの 219

□ ウール（羊毛）	⇒	wool [wul]
□ セーター	⇒	sweater [swétər]
□ マネージャー	⇒	manager [mǽnidʒər]
□ ユーモア	⇒	humor [hjúːmər]
□ アジア	⇒	Asia [éiʒə]
□ アレルギー	⇒	allergy [ǽlərdʒi]
□ ウイルス	⇒	virus [vái(ə)rəs]
□ エネルギー	⇒	energy [énərdʒi]
□ オーブン	⇒	oven [ʌ́v(ə)n]
□ ココア	⇒	cocoa [kóukou]
□ テーマ	⇒	theme [θiːm]
□ ビニール	⇒	vinyl [váin(ə)l]
□ マーガリン	⇒	margarine [máːrdʒ(ə)r(ə)n]
□ ビタミン	⇒	vitamin [váitəmin]
□ メディア（媒体，マスコミ）	⇒	media [míːdiə]
□ モットー（座右の銘）	⇒	motto [má(ː)tou]
□ ラジオ	⇒	radio [réidiou]

◆ アクセントが大きく異なるもの 220

□ オレンジ	⇒	orange [ɔ́(ː)rindʒ]
□ カレンダー	⇒	calendar [kǽləndər]
□ チョコレート	⇒	chocolate [tʃɔ́ːklət]
□ パイオニア（先駆者）	⇒	pioneer [pàiəníər]
□ エンジニア	⇒	engineer [èndʒiníər]

□ アドレス(住所)	⇒	address [ədrés]
□ イニシャル	⇒	initial [iníʃ(ə)l]
□ インターネット	⇒	Internet [íntərnet]
□ キャリア(職業上の経験)	⇒	career [kəríər]
□ ドラマチック	⇒	dramatic [drəmǽtik]
□ バイオリン	⇒	violin [vàiəlín]
□ ピアノ	⇒	piano [piǽnou]
□ ミュージアム	⇒	museum [mju(:)zí(:)əm]
□ エレベーター	⇒	elevator [éliveitər]
□ パターン(類型，模範)	⇒	pattern [pǽtərn]
□ ホテル	⇒	hotel [hòutél]
□ ボランティア	⇒	volunteer [và(:)ləntíər]

◆ 発音・アクセントともに大きく異なるもの （221）

□ ダメージ	⇒	damage [dǽmidʒ]
□ デリケート(繊細な)	⇒	delicate [délikət]
□ イメージ	⇒	image [ímidʒ]
□ バケツ	⇒	bucket [bʌ́kət]
□ ヨーグルト	⇒	yogurt [jóugərt]
□ カリスマ	⇒	charisma [kərízmə]

コラム　略されて使われているカタカナ語

カタカナ語の中には，元の英単語が長いため，略されて使われているものがあります。

▶スーパー	supermarket [súːpərmàːrkət]	▶リモコン	remote control [rimòut kəntróul]
▶パソコン	personal computer [pə̀ːrs(ə)n(ə)l kəmpjúːtər]	▶リハビリ	rehabilitation [rì:(h)əbìlitéiʃ(ə)n]
▶エアコン	air conditioner [éər kəndìʃ(ə)nər]	▶スパコン	supercomputer [súːpərkəmpjùːtər]
▶デジカメ	digital camera [dìdʒit(ə)l kǽm(ə)rə]		

和製英語

日本で使われるカタカナ語の中には，英語を話すときにそのまま使っても，通じないものがあります。英語ではどう言うのかを覚え，間違って使わないようにしましょう。

和製英語	⇒	英語で言うと 🎧222
☐ アフターサービス	⇒	after-sales service [ǽftər séilz sə̀:rvəs]
☐ アメリカンコーヒー	⇒	weak coffee [wi:k kɔ́(:)fi]
☐ オープンカー	⇒	convertible [kənvə́:rtəbl]
☐ ガードマン	⇒	guard [gɑ:rd]
☐ ガソリンスタンド	⇒	gas station [gǽs stèiʃ(ə)n]
☐ カメラマン（写真家）	⇒	photographer [fətɑ́(:)grəfər]
☐ カンニング	⇒	cheating [tʃí:tiŋ]
☐ キーホルダー	⇒	keychain [kí:tʃein] / key ring [kí: riŋ]
☐ キャッチボール	⇒	catch [kætʃ]
☐ クレーム（苦情）	⇒	complaint [kəmpléint]
☐ サイダー	⇒	soda pop [sóudə pa:p]
☐ （署名の）サイン	⇒	signature [sígnətʃər]
☐ （有名人の）サイン	⇒	autograph [ɔ́:təgræf]
☐ サインペン	⇒	felt-tip pen [fèlt tip pén]
☐ サラリーマン	⇒	office worker [ɑ́(:)fəs wə̀:rkər]
☐ シーズンオフ	⇒	off-season [ɔ́(:)f sì:z(ə)n]
☐ ジーパン	⇒	jeans [dʒi:nz]
☐ ジェットコースター	⇒	roller coaster [róulər kòustər]
☐ シャープペンシル	⇒	mechanical pencil [mikǽnik(ə)l péns(ə)l]
☐ ショートカット	⇒	short hair [ʃɔ́:rt heər]
☐ スマート	⇒	slender [sléndər]
☐ （電子）レンジ	⇒	microwave (oven) [màikrəweiv ʌ́v(ə)n]
☐ パーキング（駐車場）	⇒	parking lot [area] [pɑ́:rkiŋ lɑ̀(:)t] [⁀ è(ə)riə]
☐ パート	⇒	part-time job [pɑ̀:t táim dʒɑ(:)b]

□ ハイソックス	⇒	**knee socks** [ní: sà(:)ks]
□ ハイウェイ（高速道路）	⇒	**expressway** [ikspréswei] / **freeway** [frí:wei]
□ パンクしたタイヤ	⇒	**flat tire** [flǽt táiər]
□ （車の）ハンドル	⇒	**steering wheel** [stí(ə)riŋ (h)wì:l]
□ フロントガラス	⇒	**windshield** [wíndʃi:ld]
□ プロポーション（体型）	⇒	**figure** [fígjər]
□ デコレーションケーキ	⇒	**fancy [decorated] cake** [fǽnsi kéik], [dékərèitid -]
□ ドライバー（工具）	⇒	**screwdriver** [skrú:dràivər]
□ トレーナー	⇒	**sweat shirt** [swét ʃə̀:rt]
□ ノースリーブ（の）	⇒	**sleeveless** [slí:vləs]
□ ノート	⇒	**notebook** [nóutbuk]
□ ノートパソコン	⇒	**laptop** [lǽptɑ(:)p]
□ ファスナー	⇒	**zipper** [zípər]
□ フライドポテト	⇒	**French fries** [frèntʃ fráiz]
□ フリーサイズ	⇒	**one-size-fits-all** [wʌ̀n sàiz fits ɔ́:l]
□ プリント	⇒	**handout** [hǽndaut]
□ ベビーカー	⇒	**stroller** [stróulər]
□ ベランダ	⇒	**balcony** [bǽlk(ə)ni] 家 ▶ p.18-19
□ ホッチキス	⇒	**stapler** [stéiplər]
□ マグカップ	⇒	**mug** [mʌg]
□ メイク	⇒	**makeup** [méikʌp]
□ リフォーム	⇒	**remodeling** [rimá(:)dliŋ]
□ ワイシャツ	⇒	**shirt** [ʃə:rt]

コラム

「アパート」？ 「マンション」？

日本のマンションはアメリカでは
apartment house [əpá:tmənt haus],
イギリスでは flat [flæt] と言います。
英語の mansion [mǽnʃ(ə)n] は大邸宅
の意味になってしまいます。

I live in a mansion.

略語

アルファベットで表される略語は，単語の頭文字をつなげてつくられているものが多くあります。

ATM　automated[automatic] teller machine
　　　[ɔ́:təmeitid télər məʃì:n] [ɔ́:təmætik ⁀ ⁀]
　　　現金自動預け入れ・支払い機

BBS　bulletin board system [búlət(ə)n bɔ́:rd sistəm]　電子掲示板

BGM　background music [bǽkgràund mjù:zik]　背景に流す音楽

CG　computer graphics [kəmpjù:tər grǽfiks]
　　　コンピュータグラフィックス

DIY　do it yourself [dù it juərsélf]　日曜大工

FAQ　frequently asked questions [frì:kwəntli æskt kwéstʃ(ə)nz]
　　　よくある質問

GPS　global positioning system [glòub(ə)l pəzìʃ(ə)niŋ sístəm]
　　　全地球測位システム

IT　information technology [ìnfərméiʃ(ə)n teknà(:)lədʒi]　情報技術

LED　light-emitting diode [làit imìtiŋ dáioud]　発光ダイオード

MC　master of ceremonies [mǽstər əv sérəmouniz]　司会者

OS　operating system [á(:)pəreitiŋ sìstəm]　基本ソフトウェア

PC　personal computer [pə̀:rs(ə)n(ə)l kəmpjú:tər]
　　　パーソナルコンピュータ

PTA　parent-teacher association [pè(ə)r(ə)nt tí:tʃər əsousièiʃ(ə)n]
　　　保護者と教師の会

SF　science fiction [sàiəns fíkʃ(ə)n]　空想科学小説

コラム　英語では使われない略語

略語の元になる単語は英語でも，省略した形は，英語では使用されないものがあります。例えば，「卒業生，先輩」を表す OB は，英語では old boy と略さずに言います。

間投詞

「痛い！」や「シーッ！」など，英語のとっさのひとことです。 223

Oops! [ups]
「しまった！」

Ouch! [autʃ]
「痛い！」

Yummy! [jʌ́mi]
「おいしい！」

Shucks! [ʃʌks]
「ちぇっ！」

Aha. [ɑːhɑ́ː]
「なるほど。」

Shush! [ʃʌʃ]
「シーッ！」

Yippee! [jipíː]
「わーい！」

Yuck! [jʌk]
「ゲーッ！」

インターネット・パソコン

◆ インターネットのサイトを開いたときのパソコンの画面

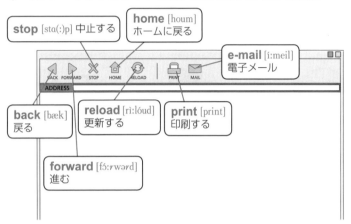

stop [stɑ(:)p] 中止する

home [houm] ホームに戻る

e-mail [í:meil] 電子メール

back [bæk] 戻る

reload [rì:lóud] 更新する

print [print] 印刷する

forward [fɔ́:rwərd] 進む

◆ キーボード

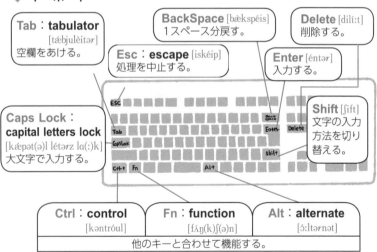

Tab：tabulator [tǽbjulèitər] 空欄をあける。

BackSpace [bǽkspéis] 1スペース分戻す。

Delete [dilí:t] 削除する。

Esc：escape [iskéip] 処理を中止する。

Enter [éntər] 入力する。

Caps Lock：capital letters lock [kǽpət(ə)l létərz lɑ(:)k] 大文字で入力する。

Shift [ʃift] 文字の入力方法を切り替える。

Ctrl：control [kəntróul]

Fn：function [fʌ́ŋ(k)ʃ(ə)n]

Alt：alternate [ɔ́:ltərnət]

他のキーと合わせて機能する。

算数

◆ 四則演算

・＋ **plus** [plʌs] 足す

$3 + 1 = 4$

Three plus one equals four.

（3足す1は4。）

= （イコール）
は **equal** [íːkwəl]

[別の表現]
Three and one makes four.

・－ **minus** [máinəs] 引く

$4 - 1 = 3$

Four minus one equals three.

（4引く1は3。）

[別の表現]
One subtracted from four is three.

・× **multiply** [mʌltiplai] かける

$5 × 3 = 15$

Five multiplied by three equals fifteen.

（5かける3は15。）

[別の表現]
Five times three makes fifteen.

・÷ **divide** [diváid] 割る

$42 ÷ 7 = 6$

Forty-two divided by seven equals six.

（42割る7は6。）

◆ 複雑な四則演算

・$9 - 6 + 2 = 5$

Nine minus six / plus two / equals five.

（9引く6足す2は5。）

式が長いので / のところで少しあけて読むとわかりやすい。

・$2 × 20 ÷ 4 = 10$

Two multiplied by twenty / divided by four / equals ten.

（2かける20割る4は10。）

・$(3 + 2) ÷ 5 + 6 = 7$

Three plus two, / divided by five / plus six / equals seven.

（3足す2割る5足す6は7。）

単位と通貨

◆ 単位(重さ，長さ，量)

重さの単位([ ]内は略号)	
milligram [míləgræm]	ミリグラム **[mg]**
gram [græm]	グラム **[g]**
kilogram [kíləgræm]	キログラム **[kg]**
ton [tʌn]	トン **[t]**
ounce [auns]	オンス**[oz]** (=約 28g)
pound [paund]	ポンド**[lbs, lb]** (=約 454g)

量の単位([ ]内は略号)	
gallon [gǽlən]	ガロン**[gal]** (=(米)約 3.8 リットル， (英)約 4.5 リットル)

長さの単位([ ]内は略号)	
millimeter [míləmìːtər]	ミリメートル **[mm]**
centimeter [séntəmìːtər]	センチメートル **[cm]**
meter [míːtər]	メートル **[m]**
kilometer [kəlá(ː)mətər]	キロメートル **[km]**
inch [intʃ]	インチ**[in.]** (= 2.54cm)
foot(単数) [fut] **feet**(複数) [fiːt]	フィート**[ft.]** (= 30.48cm)
yard [jɑːrd]	ヤード 単数**[y. / yd.]** 複数**[yds.]** (= 91.44cm)
mile [mail]	マイル**[mi / mi.]** (=約 1609m)

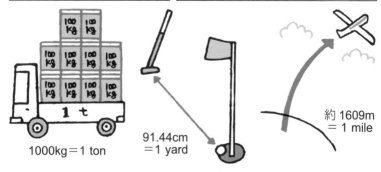

1000kg＝1 ton

91.44cm
＝1 yard

約 1609m
＝ 1 mile

196

◆ 通貨（アメリカの紙幣・硬貨）

・硬貨 Coins 　1ドル＝ 100 セント。1，5，10，25 セントの各硬貨には，それぞれ通称があります。50 セント，1ドル硬貨もありますが，あまり流通していません。

1 cent（通称 penny）	5 cents（nickel）	10 cents（dime）	25 cents（quarter）
[sent]　　[péni]	[ník(ə)l]	[daim]	[kwɔ́:rtər]

・紙幣 Bills 　1，2，5，10，20，50，100 ドル札がありますが，100 ドル札はあまり使われません。

（※イラストの下は「額面：肖像画の人物名」）

1 dollar：George Washington
[dá(:)lər]　[dʒɔ:rdʒ wá(:)ʃiŋtən]
ジョージ・ワシントン

5 dollars：Abraham Lincoln
[éibrəhæm líŋk(ə)n]
アブラハム・リンカーン

10 dollars：Alexander Hamilton
[æligzǽndər hǽmltn]
アレクサンダー・ハミルトン

20 dollars：Andrew Jackson
[ǽndru: dʒǽks(ə)n]
アンドルー・ジャクソン

コラム　通貨単位

ドルはアメリカ以外の国でも使われています。「アメリカドル」，「カナダドル」のように区別し，日本の「円」とのレートもそれぞれ異なります。他にも，「ポンド」など，同じ通貨単位が複数の国で使われているものがあります。

［ドル］	［ペソ］	［ポンド］	［ルーブル］
アメリカ　カナダ　香港 オーストラリア ニュージーランド　など	フィリピン アルゼンチン メキシコ など	イギリス エジプト シリア　など	ロシア ベラルーシ など

形

丸
circle
[sə́ːrkl]

三角形
triangle
[tráiæŋgl]

正方形
square
[skweər]

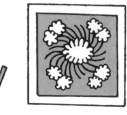

長方形
rectangle
[réktæŋgl]

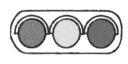
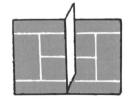

ひし形
diamond
[dái(ə)mənd]

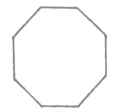

五角形
pentagon
[péntəgà(:)n]

長方形の画像の下に五角形画像

六角形
hexagon
[héksəgà(:)n]

八角形
octagon
[á(:)ktəgà(:)n]

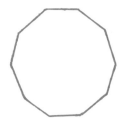

多角形
polygon
[pá(:)ligà(:)n]

球
sphere
[sfíər]

立方体
cube
[kju:b]

円柱
cylinder
[sílindər]

直方体
cuboid
[kjú:bɔid]

四角錐
square pyramid
[skwèər pírəmid]

円錐
cone
[koun]

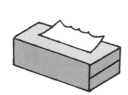

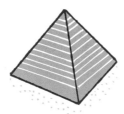

コラム　数を表す接頭辞

接頭辞とは単語の前について，元の単語に意味をつけ加える語のこと。
接頭辞の中には，数を表すものがあります。

uni [ju:ni] 1つの	unicycle [jú:nisàikl] 一輪車
bi [bai] 2つの	bicycle [báisikl] 自転車（二輪車） bilingual [bailíŋgw(ə)l] 2か国語を話せる人
tri [trai] 3つの	tricycle [tráisikl] 三輪車 trilingual [tràilíŋgw(ə)l] 3か国語を話せる人
oct [ɑ(:)kt] octa [ɑ(:)ktə] } 8つの octo [ɑ(:)ktə]	octet [ɑ(:)ktét] 八重奏 octagon [á(:)ktəgà(:)n] 八角形 octopus [á(:)ktəpəs] タコ（手足が8本）

野菜

野菜の単語を確認しましょう。

- ☐ カボチャ　　**pumpkin** [pʌ́m(p)kin]
- ☐ キャベツ　　**cabbage** [kǽbidʒ]
- ☐ キュウリ　　**cucumber** [kjúːkʌmbər]
- ☐ ズッキーニ　**zucchini** [zukíːni]
- ☐ ナス　　　　**eggplant** [égplænt]
- ☐ ネギ　　　　**Welsh onion** [wélʃ ʌ́njən]
- ☐ ピーマン　　**green pepper** [gríːn pépər]
- ☐ もやし　　　**bean sprouts** [bíːn spràuts]
- ☐ サツマイモ　**sweet potato** [swíːt pətèitou]
- ☐ ニラ　　　　**garlic chive** [gɑːrlik tʃaiv]

- ☐ カブ　　　　**turnip** [tə́ːrnəp]
- ☐ タマネギ　　**onion** [ʌ́njən]
- ☐ セロリ　　　**celery** [sél(ə)ri]
- ☐ ジャガイモ　**potato** [pətéitou]
- ☐ トマト　　　**tomato** [təméitou]
- ☐ トウモロコシ **corn** [kɔːrn]
- ☐ ニンジン　　**carrot** [kǽrət]
- ☐ レタス　　　**lettuce** [létəs]

コラム　サラダの作り方で使う表現

① レタスの葉をちぎる。
　Tear the lettuce leaves.

② トマトの皮をむき，くし形に切る。
　Peel the tomato and cut it into wedges.

③ タマネギをみじん切りにする。
　Chop the onion finely.

④ ニンジンの皮をむき，さいの目に切って熱湯に入れる。
　Peel and dice the carrot and put them into boiling water.

⑤ ゆでたジャガイモをつぶす。
　Mash the boiled potatoes.

⑥ 材料をすべて混ぜて調味する。
　Mix all the ingredients and season them.
　皿に盛る。
　Place it on the dish.

果物

果物の単語を確認しましょう。

- ☐ バナナ **banana** [bənǽnə]
- ☐ リンゴ **apple** [ǽpl]
- ☐ オレンジ **orange** [ɔ́(ː)rindʒ]
- ☐ マンゴー **mango** [mǽŋgou]
- ☐ モモ **peach** [piːtʃ]
- ☐ ブドウ **grape** [greip]
- ☐ イチジク **fig** [fig]
- ☐ 洋ナシ **pear** [peər]
- ☐ グレープフルーツ **grapefruit** [gréipfruːt]

- ☐ スイカ **watermelon** [wɔ́ːtərmèlən]
- ☐ イチゴ **strawberry** [strɔ́ːbèri]
- ☐ レモン **lemon** [lémən]
- ☐ パイナップル **pineapple** [páinæpl]
- ☐ カキ **persimmon** [pərsímən]
- ☐ サクランボ **cherry** [tʃéri]
- ☐ アンズ **apricot** [éiprikɑ(ː)t]
- ☐ キウイ **kiwi fruit** [kíːwiː frùːt]

コラム スムージーのレシピで使う表現

〈材料〉

▶生の厚切りパイナップル2カップ

　2 cups fresh pineapple chunks

▶皮をむいた熟れたバナナ2本

　2 ripe bananas, peeled

▶皮をむいたオレンジ1個

　1 orange, peeled

▶ハチミツ大さじ1（好みで）

　1 tbsp. honey (optional) ＊ tbsp. = table spoon

〈作り方〉

①なめらかになるまでかき混ぜる。

　Blend all the ingredients until smooth.

②冷えたグラスに注ぐ。

　Pour the mixture into chilled glasses.

植物

植物の単語を確認しましょう。

- ☐ サクラ　　　　　**cherry** [tʃéri]
- ☐ チューリップ　　**tulip** [túːləp]
- ☐ ヒヤシンス　　　**hyacinth** [háiəsinθ]
- ☐ カーネーション　**carnation** [kɑːrnéiʃ(ə)n]
- ☐ スイトピー　　　**sweet pea** [swíːt piː]
- ☐ ハイビスカス　　**hibiscus** [haibískəs]
- ☐ ヒマワリ　　　　**sunflower** [sʌ́nflàuər]
- ☐ バラ　　　　　　**rose** [rouz]
- ☐ アサガオ　　　　**morning glory** [mɔ́ːrniŋ glɔ̀ːri]
- ☐ ユリ　　　　　　**lily** [líli]
- ☐ コスモス　　　　**cosmos** [kɑ́(ː)zməs]
- ☐ ガーベラ　　　　**gerbera** [ɡə́ːrbərə]
- ☐ ヤシ　　　　　　**palm** [pɑː(l)m]
- ☐ ヒノキ　　　　　**cypress** [sáiprəs]
- ☐ マツ　　　　　　**pine tree** [pain triː]
- ☐ スギ　　　　　　**cedar** [síːdər]
- ☐ カエデ　　　　　**maple tree** [méipl triː]

コラム　**木の部位**

葉 leaf [liːf]

枝 branch [bræntʃ]
- 細枝 twig [twig]
- 大枝 bough [bau]

樹皮 bark [bɑːrk]

幹 trunk [trʌŋk]

根 root [ruːt]

魚介類

マグロ
tuna
[túːnə]

タコ
octopus
[ɑ́(ː)ktəpəs]

サケ
salmon
[sǽmən]

エビ
shrimp
[ʃrimp]

イカ
squid
[skwid]

イワシ
sardine
[sɑːrdíːn]

ホタテ
scallop
[skǽləp]

アナゴ
conger eel
[kɑ́(ː)ŋɡər íːl]

サバ
mackerel
[mǽk(ə)r(ə)l]

カズノコ
herring roe
[hériŋ rou]

ヒラメ
flounder
[fláundər]

ズワイガニ
snow crab
[snóu krǽb]

タイ
sea bream
[síː bríːm]

ウニ
sea urchin
[síː ə́ːrtʃ(ə)n]

アワビ
abalone
[ǽbəlóuni]

コラム　**いろいろなエビの名前**

エビは大きさや種類によっていろいろな呼び方があります。

☐ lobster [lɑ́(ː)bstər]　ロブスター。はさみのある食用の大エビ

☐ prawn [prɔːn]　クルマエビなどの中型のエビの総称

☐ shrimp [ʃrimp]　小エビ

ロブスター

クルマエビ

小エビ

肉

肉に関する単語を確認しましょう。

- ☐ ソーセージ **sausage** [sɔ́(ː)sidʒ]
- ☐ ハム **ham** [hǽm]
- ☐ ベーコン **bacon** [béik(ə)n]
- ☐ サラミ **salami** [səlάːmi]
- ☐ 牛肉 **beef** [bíːf]
- ☐ 豚肉 **pork** [pɔːrk]
- ☐ 鶏肉 **chicken** [tʃíkin]
- ☐ カモ **duck** [dʌ́k]
- ☐ 子羊 **lamb** [lǽm]
- ☐ ステーキ用 **steak** [stéik]
- ☐ シチュー用 **stewing beef** [stúːiŋ bíːf]
- ☐ 牛挽肉 **ground beef** [gráund bíːf]
- ☐ リブロース **rib roast** [ríb ròust]
- ☐ レバー **liver** [lívər]

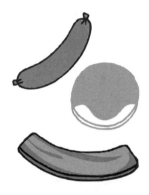

コラム ステーキの焼き加減

レストランでステーキを注文すると，こんなふうに聞かれます。

How would you like your steak?　― I'd like it ☐, please.

ステーキ（の焼き加減）は　　― ☐ でお願いします。
いかがなさいますか？

☐ には次の単語を使います。

- ☐ rare [réər] 生焼けの
- ☐ medium rare [míːdiəm réər] 半生焼けの
- ☐ medium [míːdiəm] ふつうの
- ☐ well-done [wèldʌ́n] よく焼いた

204

たまご・ジャガイモの料理

海外，とくにアメリカでは，朝食のたまごの料理の仕方やステーキなどに
つくジャガイモ料理について，たずねられることがあります。

◆ たまご

スクランブル
エッグ
scrambled egg
[skrǽmbld ég]

ポーチドエッグ
poached egg
[pòutʃd ég]

ゆでたまご
boiled egg
[bɔ́ild ég]

> 固ゆで：
> **hard-boiled**
> 半熟：
> **half-boiled**

目玉焼き
sunny-side up
[sʌ̀nisaid ʌ́p]

オムレツ
omelet
[á(:)mlət]

たまご焼き
rolled egg
[ròuld ég]

> おもに日本の
> 料理法。

◆ ジャガイモ

フライドポテト
French fries
[frèntʃ fráiz]

マッシュポテト
mashed potato
[mǽʃt pətéitou]

ベイクドポテト
baked potato [bèikd pətéitou]
（**jacket potato**（英）[dʒǽkit pətéitou]）

コラム　朝食の種類

▶軽めの朝食

☐ continental breakfast
[kɑ(:)nt(ə)nènt(ə)l brékfəst]
：飲み物とパンなど

▶ボリュームのある朝食

☐ English breakfast [ìŋgliʃ brékfəst]
：シリアル，フルーツ，たまご料理，
肉・魚料理，豆料理など。

本・映画・音楽

◆ 本

☐ 新刊書	**new book** [nú: buk]
☐ 文庫	**paperback book** [péipərbæk buk]
☐ 雑誌	**magazine** [mǽgəzi:n]
☐ 週刊誌	**weekly magazine** [wí:kli mǽgəzi:n]
☐ 月刊誌	**monthly magazine** [mʌ́nθli mǽgəzi:n]
☐ コミック	**comic** [ká(:)mik]
☐ 実用書	**how-to book** [háutù: buk]
☐ 児童書	**children's book** [tʃíldr(ə)nz buk]
☐ 学習参考書	**study guide** [stʌ́di gaid]
☐ 専門書	**treatise** [trí:təs]
☐ 辞書	**dictionary** [díkʃəneri]
☐ 事典	**encyclopedia** [insàikləpí:diə]
☐ 電子書籍	**digital book** [dìdʒit(ə)l búk]

◆ 映画のジャンル

☐ 喜劇	**comedy** [ká(:)mədi]
☐ 悲劇	**tragedy** [trǽdʒədi]
☐ 冒険	**adventure** [ədvéntʃər]
☐ ラブストーリー	**romance** [roumǽns]
☐ ミステリー	**mystery** [míst(ə)ri]
☐ サスペンス	**suspense** [səspéns]
☐ 西部劇	**western** [wéstərn]
☐ ホラー	**horror** [hɔ́(:)rər]
☐ SF／空想科学	**science fiction** [sàiəns fíkʃ(ə)n]
☐ ミュージカル	**musical** [mjú:zik(ə)l]
☐ ドキュメンタリー	**documentary** [dà(:)kjumént(ə)ri]
☐ アニメ	**anime** [ǽnimèi] **/ cartoon** [kɑːrtú:n]

◆ 音楽のジャンル

ポップス
pop
[pɑ(:)p]

カントリー
country music
[kʌ́ntri mjùːzik]

ロック
rock music
[rɑ́(:)k mjùːzik]

クラシック
classical music
[klǽsik(ə)l mjúːzik]

ヒップホップ
hip-hop
[híp hɑ̀(:)p]

ジャズ
jazz
[dʒǽz]

ソウル
soul music
[sóul mjùːzik]

ゴスペル
gospel music
[gɑ́(:)sp(ə)l mjùːzik]

民族音楽
folk music
[fóuk mjùːzik]

宇宙

◆ 太陽系の惑星

太陽系 **the solar system** [ðə sóulər sìstəm]

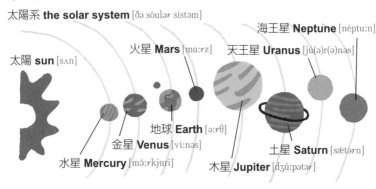

海王星 **Neptune** [néptu:n]

火星 **Mars** [mɑ:rz]　天王星 **Uranus** [júrə(ə)r(ə)nəs]

太陽 **sun** [sʌn]

地球 **Earth** [ə:rθ]

金星 **Venus** [ví:nəs]

水星 **Mercury** [mə́:rkjuri]

木星 **Jupiter** [dʒú:pətər]

土星 **Saturn** [sǽtərn]

◆ 天体観測

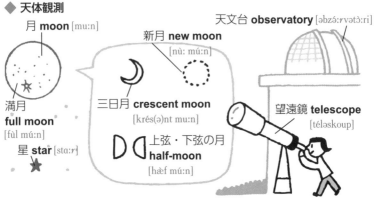

月 **moon** [mu:n]

新月 **new moon** [nù: mú:n]

天文台 **observatory** [əbzə́:rvətɔ̀:ri]

三日月 **crescent moon** [krés(ə)nt mu:n]

満月 **full moon** [fùl mú:n]

上弦・下弦の月 **half-moon** [hǽf mú:n]

星 **star** [stɑ:r]

望遠鏡 **telescope** [téləskoup]

◆ 宇宙探査

宇宙ステーション **space station** [spéis stèiʃ(ə)n]

宇宙遊泳 **spacewalk** [spéiswɔ̀:k]

衛星 **satellite** [sǽt(ə)lait]

宇宙服 **spacesuit** [spéisù:t]

環境問題

◆ 温暖化に関する語句

- ☐ 地球温暖化   **global warming** [glòub(ə)l wɔ́ːrmiŋ]
- ☐ 温室効果ガス   **greenhouse gas** [gríːnhaus gǽs]
- ☐ 二酸化炭素   **carbon dioxide** [kὰːrbən daiά(ː)ksaid]
- ☐ 海面上昇   **sea level rise** [síː lèv(ə)l raiz]
- ☐ 大気汚染   **air pollution** [éər pəlùːʃ(ə)n]
- ☐ (ガスなどを)排出する   **emit** [imít]
- ☐ 絶滅の危機にひんしている動物

       endangered animals [indéindʒərd ǽnim(ə)lz]

◆ 砂漠化に関する語句

- ☐ 砂漠化   **desertification** [dizə̀ːrtəfikéiʃ(ə)n]
- ☐ 森林破壊   **deforestation** [diːfɔ̀(ː)ristéiʃ(ə)n]
- ☐ 水不足   **water shortage** [wɔ́ːtər ʃɔ́ːrtidʒ]
- ☐ 砂漠   **desert** [dézərt]
- ☐ 干ばつ   **drought** [draut]

◆ エネルギー問題に関する語句

- ☐ エネルギー問題   **energy problem** [énərdʒi prὰ(ː)bləm]
- ☐ 石油   **petroleum** [pətróuliəm]
- ☐ 石炭   **coal** [koul]
- ☐ 天然ガス   **natural gas** [nǽtʃ(ə)r(ə)l gǽs]
- ☐ 太陽エネルギー   **solar power** [sòulər páuər]
- ☐ 原子力   **atomic energy** [ətὰ(ː)mik énərdʒi]
- ☐ クリーンエネルギー   **clean energy** [klìːn énərdʒi]
- ☐ 天然資源   **natural resources** [nǽtʃ(ə)r(ə)l riːsɔ́ːrsiz]
- ☐ 再利用   **reuse** [rìːjúːs]
- ☐ リサイクル   **recycle** [rìːsáikl]
- ☐ 化石燃料   **fossil fuel** [fά(ː)s(ə)l fjù(ː)əl]

ジェスチャー

ジェスチャー(身振り)は日本と英語圏で異なることがあります。

◆ **日本ではあまり使われないジェスチャー**

Good.
よし。

指を立てる

O.K.
いいよ。

親指と人さし指で輪をつくる

Bad.
だめ。

親指を下に向ける

Good luck.
うまくいきますように。

人さし指と中指をクロスする

I don't know.
わかりません。

肩をすくめる

〜 said ...
(〜が)…と言いました。

指をチョキにして,
指先を折り曲げる

◆ 日本とは異なるジェスチャー

【日本】　　　　　　　　　　　　【英語圏】

「私？」と言うとき，アメリカでは胸に手を当てます。これは，自分の魂が胸部にあると考えられているからだと言われています。

「こっちに来て」と言うとき，アメリカでは手のひらを上にして指を動かします。日本の「こっちに来て」はアメリカの「向こうへ行け」に似ています。

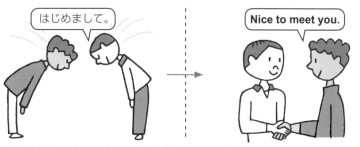

日本ではあいさつのときにおじぎをしますが，アメリカではあまりおじぎはしません。初対面ではよく握手をします。

◆ 交通標識

SPEED LIMIT 40
[spíːd lìmit fɔ́ːrti]
速度制限
時速40マイル

NO PARKING
[nóu páːrkiŋ]
駐車禁止

RAILROAD CROSSING
[réilroud krɔ̀(ː)siŋ]
踏切

STOP
[stɑ(ː)p]
止まれ

DO NOT PASS
[dú: ná(ː)t pǽs]
追い越し禁止

MERGE
[məːrdʒ]
合流

ROAD CLOSED
[róud klóuzd]
通行止め

CROSSWALK
[krɔ́(ː)swɔːk]
横断歩道

ONE WAY
[wʌ́n wéi]
一方通行

KEEP RIGHT
[kíːp ráit]
右側通行

◆ 博物館で見かける案内・表示

① **OUT OF ORDER** [àut ʌv ɔ́ːrdər]　　　故障中

② **NO PICTURES** [nóu píktʃərz]　　　　撮影禁止
　　NO PHOTOS [nóu fóutouz]

③ **WET PAINT** [wét pèint]　　　　　　ペンキ塗りたて

④ **EMERGENCY EXIT** [imə́ːrdʒ(ə)nsi ègzət]　非常口

⑤ **rest room** [rést ruːm]　　　　　　トイレ

⑥ **escalator** [éskəleitər]　　　　　　エスカレーター

⑦ **elevator** [éliveitər]　　　　　　　エレベーター

⑧ **stairs** [steərz]　　　　　　　　　階段

⑨ **information** [ìnfərméiʃ(ə)n]　　　インフォメーション

① 　② 　③ 　④ 　⑤

⑥ 　⑦ 　⑧ 　⑨

コラム　アメリカの珍しい交通標識

アメリカの高速道路に，日本では見られない珍しい交通標識があります。
"CARPOOLS ONLY"という標識です。carpool とは「自動車の相乗り」という
意味。つまり，この標識がある車線では，複数の人が乗っている車しか走る
ことができない，という意味なのです。相乗りを奨励して，渋滞を緩和する
ための対策の一つです。

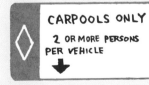
◀自動車の相乗りのみ
　1台につき2人以上

ニックネーム

英語では，よく使われるニックネームがあります。

男性名（右がニックネーム）		女性名（右がニックネーム）	
Andrew [ǽndru:]	**Andy** [ǽndi]	**Catherine** [kǽθ(ə)rin]	**Cathy** [kǽθi]
Anthony [ǽnθəni]	**Tony** [tóuni]		**Cath** [kæθ]
Edward [édwərd]	**Ed** [ed]	**Jean** [dʒi:n]	**Jeannette** [dʒənét]
	Eddie [édi:]		**Jeannie** [dʒí:ni]
Richard [rítʃərd]	**Dick** [dik]	**Katherine** [kǽθ(ə)rin]	**Kathy** [kǽθi]
	Rick [rik]		**Kate** [keit]
Robert [rá(:)bərt]	**Bob** [bɑ(:)b]	**Margaret** [má:rg(ə)rət]	**Meg** [meg]
	Bobby [bá(:)bi]		**Maggie** [mǽgi]
	Rob [rɑ(:)b]		**Peg** [peg]
William [wíljəm]	**Bill** [bil]		**Peggy** [pégi]
	Billy [bíli]	**Jennifer** [dʒénifər]	**Jenny** [dʒéni]
	Will [wil]		**Jennie** [dʒéni]
	Willy [wíli]		

男女同じニックネーム			
Alexander（男性名）[æligzǽndər]	**Alex** [ǽliks]	**Andrew**（男性名）[ǽndru:]	**Andy** [ǽndi]
Alexandra（女性名）[æligzǽndrə]		**Andrea**（女性名）[ǽndriə]	

コラム **ニックネームの由来**

ニックネームの由来は，ただ単に短くしたもの，意味に由来するもの，音が似ていることによって決まったもの，など様々です。

> M と P を発音するときの口の開き方が似ていることが由来。

> 「gy」は「～ちゃん」というような意味もある。

【例】

（米）Margaret　<u>M</u>eg　<u>P</u>eg　Peg<u>gy</u>

（英）Margaret　Daisy [déizi]

> マーガレットという花の別名がデイジーだったことが由来の1つ。

アメリカ英語とイギリス英語

アメリカとイギリスでは，同じ意味を表すのに異なる単語を使うことがあります。

◆ 言い方が異なる単語

アメリカ	意味	イギリス
subway [sʌbwei]	地下鉄	**the Underground / the Tube** [ði ʌndərgráund] ／ [ðə tu:b]
railroad [réilroud]	鉄道	**railway** [réilwei]
chips [tʃips]	ポテトチップス	**crisps** [krisps]
apartment [əpáːrtmənt]	アパート	**flat** [flæt]
cookie [kúki]	クッキー	**biscuit** [bískit]
elevator [éliveitər]	エレベーター	**lift** [lift]
eraser [iréisər]	消しゴム	**rubber** [rʌbər]
soccer [sá(:)kər]	サッカー	**football** [fútbɔːl]

◆ つづりが異なる単語

color [kʌlər]	色	**colour** [kʌlə]
meter [míːtər]	メートル	**metre** [míːtə]
organize [ɔ́ːrɡənaiz]	組織する	**organise** [ɔ́ːrɡənaiz]
traveling [trǽv(ə)liŋ]	旅行	**travelling** [trǽv(ə)liŋ]

コラム 1階，2階の言い方の違い

1階はアメリカでは the first floor [ðə fəːrst flɔːr]，イギリスでは the ground floor [ðə ɡraund flɔːr] と言います。右のように言い方がずれるので，注意が必要です。

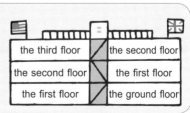

the third floor	the second floor
the second floor	the first floor
the first floor	the ground floor

英語の早口言葉です。音声を聞いて，声に出して読んでみましょう。

◆ **Cheap ship trip.**
（安上がりな船の旅。）

◆ **Fran feeds fish fresh fish food.**
（フランは魚に新鮮な魚のえさをやる。）

◆ **A big black bug bit a big black bear.**
（大きな黒い虫が大きな黒いクマをかんだ。）

◆ **Double bubble gum bubbles double.**
（2つ分の風船ガムは2倍にふくらむ。）

◆ **She sells seashells by the seashore.**
（彼女は海岸で貝殻を売る。）

◆ **Peter Piper picked a peck of pickled peppers.**
（ピーター・パイパーさんがペッパーの酢漬けをたくさん取り出した。）

◆ **I scream, you scream, we all scream for ice cream!**
（私が叫ぶ，あなたが叫ぶ，みんなが叫ぶ，アイスクリーム！）

◆ **A cup of coffee in a copper colored coffee pot.**
（銅の色をしたコーヒーポットに1杯のコーヒー。）

◆ **Four furious friends fought for the phone.**
（4人の怒れる友達が電話をめぐってけんかした。）

◆ **How can a clam cram in a clean cream can?**
（きれいなクリーム缶の中になんで大量の貝が入ってるの？）

◆ **How much wood would a woodchuck chuck if a woodchuck could chuck wood?**
（ウッドチャックが木を投げることができたら，どのくらいの木を投げられるか？）

◆ **A canner can can anything that he can but a canner can't can a can, can he?**
（缶を詰める人は彼が詰めたいものは何でも詰められる。でも，缶を詰める人にも缶自体を缶にすることはできない，よね？）

日本の文化

日本の文化を英語で説明するには，次のような言い方があります。

日本語		⇒	英語で言うと
☐ おにぎり	*onigiri*	⇒	**rice ball** [ráis bɔ:l]
☐ ふりかけ	*furikake*	⇒	**rice seasoning** [ráis sì:z(ə)niŋ]
☐ 豆腐	*tofu*	⇒	**bean curd** [bí:n kə:rd]
☐ だし	*dashi*	⇒	**soup stock** [sú:p stɑ(:)k]
☐ のり	*nori*	⇒	**laver** [lá:vər]
☐ てんぷら	*tempura*	⇒	**deep-fried food** [dì:p fráid fu:d]
☐ 刺身	*sashimi*	⇒	**sliced raw fish** [slàist rɔ́: fiʃ]
☐ 牛丼	*gyudon*	⇒	**beef bowl** [bí:f boul]
☐ もち	*mochi*	⇒	**rice cake** [ráis keik]
☐ せんべい	*sembei*	⇒	**rice cracker** [ráis krǽkər]
☐ すもう	*sumo*	⇒	**Japanese-style wrestling** [dʒæ̀pəní:z stàil résliŋ]
☐ 剣道	*kendo*	⇒	**Japanese fencing** [dʒæ̀pəní:z fénsiŋ]
☐ 弓道	*kyudo*	⇒	**Japanese archery** [dʒæ̀pəní:z á:rtʃ(ə)ri]
☐ 茶道	*sado*	⇒	**tea ceremony** [tí: sèrəmouni]
☐ 華道	*kado*	⇒	**flower arrangement** [fláuər ərèindʒmənt]
☐ 書道	*shodo*	⇒	**calligraphy** [kəlígrəfi]
☐ 畳	*tatami*	⇒	**straw mat** [strɔ́: mæt]
☐ 扇子	*sensu*	⇒	**folding fan** [fòuldiŋ fæn]
☐ 風呂敷	*furoshiki*	⇒	**wrapping cloth** [ræpiŋ klɔ(:)θ]
☐ 折り紙	*origami*	⇒	**paper folding** [péipər fóuldiŋ]
☐ 布団	*futon*	⇒	**Japanese-style bedding** [dʒæ̀pəní:z stàil bédiŋ]
☐ 盆栽	*bonsai*	⇒	**miniature potted tree** [mìniətʃər pá(:)tid tri:]
☐ 下駄	*geta*	⇒	**wooden clog** [wùd(ə)n klá(:)g]

さくいん

アルファベットさくいん

さくいん

223

226

さくいん

231

さくいん

日本語さくいん

- **太字**は単元名，色文字はコラムを示します。
- 「入試によくでる！」「コラム」が掲載されている単元には，それぞれ   マークが付いてい
ます。

さくいん

241

さくいん

さくいん

さくいん

249

さくいん

入試によくでる！さくいん

- 「入試によくでる！」が掲載されている単元を，本書の掲載順にまとめています。

コラムさくいん

- 「コラム」のタイトルを，本書の掲載順にまとめています。

テーマ・場面別さくいん

・ いろいろな場面に合わせて，役立つ単元を検索できます。

さくいん